Victoriensia
vol. 92

Bajo el cielo de Oriente

El colegio español
la Virgen del Pilar de Jerusalén

Dra. María Luz Mangado Alonso

(Con la Colaboración de Pedro José Bartolomé-Fuentes)

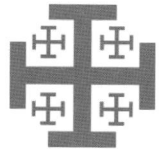

Editorial ESET
Vitoria-Gasteiz
2024

Portada: *Vista del Santo Sepulcro desde la azotea del Colegio del Pilar de Jerusalén y emblema del colegio*

Con la colaboración de:

Edita: Editorial ESET, S.L.U.

Diseño e Impresión: Editorial ESET, S.L.U
Imprime. Gráficas Irudi, S.L.
ISBN: 978-84-7167-185-1
Depósito legal: LG G 00011-2025

Presentaciones

Un suceso acaecido en el mes de julio de 1901, vino a decidir el nacimiento de la Asociación "Corte de Honor de Señoras de María Santísima del Pilar" en Zaragoza. Se estaba celebrando el Jubileo con una procesión por las calles de Zaragoza, cuando se formó un tumulto en contra de los fieles participantes, con el fin de entrar en el templo y ultrajar la imagen de la Virgen. Algunas señoras se adelantaron y comunicaron la situación a los sacerdotes de la basílica, para que cerrasen la puerta. La noticia se extendió por toda la ciudad, sintiéndose el pueblo herido es sus tradiciones.

Se obtuvieron dos frutos: La construcción de una de las torres por suscripción de los aragoneses (la más nueva que da a la plaza) y la creación de "Corte de Honor de Señoras de María Santísima del Pilar".

Desde aquel momento fatídico, un grupo de personas velaba a lo largo del día la imagen de la Virgen del Pilar. Así nació y así sigue. Cada DAMA debe "hacer vela" durante media hora al mes, que va más allá de hacer oración y peticiones, sino además de custodiar su santa imagen.

Con la gran devoción a la Virgen del Pilar que se difunde fuera de nuestras fronteras españolas en el siglo XX, las Damas también apoyan y colaboran en numerosas iniciativas, como la donación en Zaragoza en 1924 de una imagen al grupo de peregrinos a los Santos Lugares, que presidirá el templo del Pilar de Jerusalén hasta nuestros días, a pocos metros del Santo Sepulcro. En aquel tiempo la Asociación de Damas del Pilar se encontraba presidida por la Condesa de Sobradiel, Dª Carmen San Gil. Su historia queda rescatada en este libro, que María Luz Mangado ha escrito tras sondear en numerosos archivos españoles y de Jerusalén.

Dª Rosa María Gil Loscos
Presidenta de la Junta de la Asociación de Damas de la Corte de Honor de la Virgen del Pilar de Zaragoza

La Congregación Misioneras Hijas del Calvario fue fundada en México en 1885 por las hermanas María Enriqueta y María Ernestina Larrainzar y Córdoba, con el apoyo de Fray Manuel María Ortiz (Franciscano).

Nuestros fundadores, desde los inicios, atraídos por el inmenso amor de Jesús Crucificado, soñaron con una comunidad en Jerusalén para que en el lugar donde murió Jesús, hubiera siempre alguna Hija del Calvario agradeciendo tanto amor y orando por la humanidad que sufre. Y así, después de visitar varias veces los Santos Lugares lograron su sueño. El primer grupo de hermanas llegó a Jerusalén en febrero de 2022. Desde los inicios se preocuparon por educar a los niños y a las jóvenes de bajos recursos, y continúan realizando esta labor en el "**Colegio Español Virgen del Pilar",** que inicia su andadura en 2023.

Agradecemos el trabajo de investigación que María Luz Mangado Alonso ha estado haciendo sobre la historia del colegio y que ahora culmina con la escritura de este libro. Muchas gracias por tanto amor a Tierra Santa, por darnos a conocer el interés de tantas instituciones españolas y por cuidar y visitar los Santos Lugares.

Hna. Casilda Barbero Santaolalla
Misionera Hija del Calvario

Si un inquieto peregrino, movido por la avidez de conocimiento y el empuje por lograr metas —como el caso de M. Luz Mangado, la autora de este libro- , se lanza a la aventura de rastrear las huellas de la presencia española en Tierra Santa, muy pronto descubrirá dos instituciones sobre las que ondea la bandera de España: el Colegio la Virgen del Pilar y la Casa de Santiago. La primera fue creada en 1923 por las religiosas Misioneras Hijas del Calvario en pleno corazón de la ciudad vieja de Jerusalén, y la segunda fue fundada en 1955 como un centro de la Iglesia española en Tierra Santa con el objetivo irrenunciable de potenciar la investigación bíblica y arqueológica. Se trata de las dos únicas instituciones españolas en Jerusalén, con fines diversos, pero muy unidas en la misión de la Iglesia católica en Tierra Santa y en el respeto y aprecio a nuestra nación española.

Es encomiable la tarea educativa de las Misioneras Hijas del Calvario, que se mantienen fieles a la encomienda –confiada a ellas hace más de 100 años– de dirigir y gestionar una escuela para niños palestinos dentro de la ciudad vieja de Jerusalén. Así, cada año las aulas del Colegio del Pilar se llenan de alumnos cristianos y musulmanes que reciben una adecuada formación académica, conviven y juegan juntos, cantan por la paz y construyen lazos de amistad y solidaridad.

Por tanto, felicito a la Doctora M. Luz Mangado, investigadora de nuestro Instituto Español Bíblico y Arqueológico de Jerusalén (Casa de Santiago), por la iniciativa de este libro en el que trata de mostrar la importante labor educativa del Colegio del Pilar y su papel fundamental en la construcción de la paz tan deseada y esperada en esta Tierra Santa.

Juan Antonio Ruiz Rodrigo
Director del IEBA- Casa de Santiago de Jerusalén

El Colegio de la Virgen del Pilar de Jerusalén es en la actualidad un faro de educación y espiritualidad que ha iluminado el camino de innumerables estudiantes a lo largo de su historia. El objetivo primordial que las Religiosas Misioneras Hijas del Calvario tenían para abrir una Casa en la Ciudad Vieja de Jerusalén fue que las hermanas acompañaran a Jesús Crucificado en el Calvario y que allí rezaran por sus hermanas de Congregación, por la humanidad doliente y por todo el mundo. Este objetivo sigue siendo el primordial hasta nuestros días. El Colegio de Nuestra Señora del Pilar fue creado a raíz de la fundación de una casa de las Religiosas Misioneras Hijas del Calvario dentro de la ciudad vieja de Jerusalén en 1923. Al año siguiente, el Gobierno español les concedió el usufructo de la "Casa de España", un inmueble que la Obra Pía había adquirido durante la regencia de Isabel II. Hoy en día, la Obra Pía y la Custodia de Tierra Santa siguen cediéndole el usufructo del complejo de forma gratuita para la realización de su misión educativa.

La historia de la Orden de Caballería del Santo Sepulcro de Jerusalén (OCSSJ), goza de una especial protección benévola de la Santa Sede en virtud de los lazos históricos, jurídicos y religiosos que la unen a ella. Su historia, objetivos, estructura y espiritualidad le confieren características institucionales únicas. A través de su estructura y actividades, la Orden participa directamente de la preocupación del Romano Pontífice por los lugares e instituciones católicas en Tierra Santa, a través del Patriarcado Latino de Jerusalén. En particular el vínculo con Jerusalén, específico de la Orden exige la responsabilidad para los Santos Lugares. Desde sus inicios, la Orden ha trabajado incansablemente para brindar apoyo a Jerusalén, reconociendo la importancia de la educación como herramienta de transformación social. Figuras destacadas como José María Urquijo Ibarra, Carlos Lorea Aramendía y Santos Orbegozo, miembros de la Orden, han dejado una huella imborrable en esta labor, aportando no solo recursos, sino también su dedicación y amor por la enseñanza.

Este libro es un homenaje a la historia y a las personas que han hecho posible que el Colegio de la Virgen del Pilar siga siendo un referente en la educación en Jerusalén. A través de sus páginas, invitamos al lector a conocer más sobre esta noble institución y su impacto en la vida de tantas jóvenes, así como a reflexionar sobre la importancia de la educación en la construcción de un futuro mejor.

José Carlos Sanjuán y Monforte
Lugarteniente España Occidental OCSSJ

Prólogo

Las peregrinaciones y viajes a los lugares bíblicos han sido constantes desde los primeros siglos del cristianismo. Tienen una gran trascendencia desde mediados del siglo XIX y el siglo XX. Las crónicas y noticias son abundantes, y se ha conservado una extraordinaria literatura al respecto. Existen publicaciones notables, poco conocidas, que aportan datos geográficos, topográficos, arqueológicos y filológicos de los lugares bíblicos, necesarios a la hora de emprender estudios sobre estas áreas.

Los viajes llevaron consigo unos intercambios y un legado, que se mantiene. Afortunadamente, los monumentos, los libros, las fotos, el cine, la música, el arte, las reliquias, los apoyos papales y episcopales, la excepcional labor de cuerpo diplomático, las órdenes religiosas y misioneras, las fundaciones de estudio e investigación o los propios museos han dejado una impronta singular, que, además, vincula a toda Hispanoamérica.

El difícil siglo XIX y las complicaciones políticas y sociales de las primeras décadas del siglo XX españolas, no desalentaron a numerosas personas a emprender viajes y peregrinaciones como auténticas expediciones.

Durante el primer tercio del siglo XX se desarrollan ocho peregrinaciones promovidas por José María Urquijo, y el obispo de Vitoria. Fueron apoyadas por los Pontífices León XIII y Pío X, además de los prelados y cardenales españoles, especialmente el capuchino Vives y Tutó, destinado en Roma. Entre 1914 y 1918 es un período de *lapsus* ante la situación convulsa internacional. Durante este momento, el Conde de Ballobar es el cónsul en Jerusalén, nominado "Cónsul Universal", ante el abandono de las potencias occidentales, queda al frente de todos los asuntos internacionales. Pasado este tiempo de guerra y con la retirada del Imperio Otomano de Palestina, esta zona pasa a ser Protectorado Británico. Al Conde de Ballobar seguirá en los años veinte el diplomático navarro Pablo Jaurrieta.

En la década de los años veinte inician de nuevo los viajes, si cabe, con mayor esplendor que en el primer tercio del siglo. Se organizan tres grandes peregrinaciones hispanoamericanas, con la participación de numerosos prelados de España e Hispanoamérica, a los que se suman las preparadas por la Junta Nacional Española de Peregrinaciones. Todas las peregrinaciones tuvieron apoyos papales y en el obispo de Vitoria recaía la presidencia honorífica. Hubo publicaciones con variadas crónicas, noticias y libros.

Se realizan dos de los primeros documentales de la historia del Medio Oriente en los años 1924 y 1925, los cuales los he podido localizar en el Seminario Diocesano de Vitoria y en otros archivos. En este período se fundan los Museos Bíblicos de Palma de Mallorca, Tarragona, Montserrat y de Tierra Santa en Santiago de Compostela. Este intercambio culmina con una gran exposición sobre los lugares bíblicos en Madrid en 1953 y la fundación de la Casa de Santiago en Jerusalén en 1955.

Las peregrinaciones hispanoamericanas a Tierra Santa sirven para fundar del Colegio Español de Nuestra Señora del Pilar en Jerusalén, en la antigua casa consular española. El centro es gestionado por las religiosas Misioneras Hijas del Calvario, las cuales llevan un siglo educando a niñas con pocos recursos. Este centro fue apoyado, durante los años treinta, gracias a la iniciática del Obispo Zacarías Martínez Núñez -prelado entonces de Santiago de Compostela- por la Fundación Patronato Pro-Jerusalén. Fue presidida por el Canónigo navarro Carlos Lorea Aramendía, Caballero de la Orden del Santo Sepulcro de Jerusalén, institución que prestó un gran servicio al sostenimiento del colegio.

En 1996, l'École Biblique et Archéologique Française de Jerusalén procede a un sondeo arqueológico de las bases del edificio, llegando al estrato del siglo IX. Los resultados son extraordinarios en la estructura de las bóvedas, arcos y materiales, que nos remontan al período histórico de las Cruzadas.

Desde finales del siglo XIX se difunde fuera de España la devoción a la Virgen del Pilar, aunque en Hispanoamérica existe desde mucho antes. Una de las iniciativas será levantar un gran santuario en el corazón de Jerusalén, con la idea de devolver las gracias a la Virgen por haber visitado en carne mortal a Zaragoza. Según la tradición, la Virgen se le apareció sobre una columna al apóstol Santiago para darle aliento en la evangelización de Hispania. Con las peregrinaciones de los años veinte se consigue este objetivo. Los principales bienhechores serán los viajeros a Tierra Santa.

En el año 1923 se creará definitivamente el Colegio de la Virgen Pilar de Jerusalén en la casa consular de España, durante el mandato del Cónsul Pablo Jaurrieta, tras conseguir el beneplácito de la Corona. Desde España, el principal impulsor será el Obispo de Vitoria Zacarías Martínez Núñez, que contó con el respaldo del Obispo de Pamplona, Mateo Múgica. La gestión del colegio se encarga a las Misioneras Hijas del Calvario, de fundación mejicana.

En las peregrinaciones hispanoamericanas se lleva a Jerusalén: una imagen de la Virgen del Pilar- donada en Zaragoza por las Damas de la Corte de Honor de Nuestra Señora del Pilar-, la primera piedra de la iglesia, esculturas religiosas, así como otros bienes que actualmente quedan en la casa y en el templo. Para recaudar fondos se realizaron dos documentales en 1924 y 1925 sobre las rutas en Tierra Santa. Servían con su alquiler para animar a otros viajeros, y enseñar en conferencias y catequesis las tierras bíblicas.

El proyecto es presentado por el obispo de Vitoria ante el Sumo Pontífice en la audiencia de la primera peregrinación hispanoamericana con el siguiente discurso[1]:

«Y como detalle curioso, para que nos ayude a realizar ese deseo ardentísimo de ver libre de la profanación de los Santos Lugares, como devolviéndose la visita que Ella hizo a España, en carne mortal, hace veinte siglos, hemos llevado aquí una hermosa estatua de la Virgen del Pilar, que regalaron las Damas de la Corte de Honor, que tiene en Zaragoza, y como la Virgen del Pilar viene a ser Patrona de toda la nación española y sus hijas las Repúblicas de América del sur, pues nuestra historia está llena del nombre de María, desde el Pilar a las Navas, desde Clavijo al Salado, de Pavía a

---

[1]   *Recuerdo de la Primera Peregrinación Hispanoamericana a Tierra Santa,* Madrid 1924. Discurso del obispo de Vitoria en la audiencia pontificia concedida al grupo de peregrinos.

Lepanto y a Bailén, queremos Santísimo Padre, que allí donde nuestra madre amantísima, la Virgen, que tanto lloró y sufrió por nosotros, se levante una capilla española y después un templo español, para que sepa el mundo cristiano que los españoles no cedemos a nadie en el amor y devoción a la Madre de Dios y de los hombres, hasta derramar la última gota de sangre de nuestras venas por Ella, por su Hijo Divino y por la Iglesia católica, Apostólica Romana.

Santísimo padre tales son los peregrinos españoles e hispanoamericanos que os presento, entre los que hay que contar con el Secretario particular de nuestro Rey…»

El colegio ha tenido varias ampliaciones y obras de adecuación con el devenir de los años. Una de las principales es la edificación de una iglesia al lado del centro educativo, obra con toda seguridad del gran arquitecto navarro Víctor Eusa, que visitó varias veces Tierra Santa y dejó una gran impronta en su arquitectura. La primera mejora del edificio se realizó durante el mandato del Procurador Francisco Martínez Roque entre 1931 y 1936, que aprovechó una herencia para la financiación. Durante los trabajos en el centro, desde el final del siglo pasado y el principio del siglo XXI, se acometieron unas excavaciones en el subsuelo, que han llevado a conocer las estructuras arquitectónicas medievales, las cuales hacen comprender la organización urbanística de Jerusalén.

Con un siglo de historia el Colegio la Virgen del Pilar, también llamado Colegio de España o Casa de España, ha servido para educar a generaciones de niñas sin recursos, además de acometer la primera docencia de la lengua española en la capital hierosolimitana. Su localización en el centro de la ciudad a escasa distancia del Santo Sepulcro, se puede considerar uno de los patrimonios españoles más extraordinarios fuera de nuestras fronteras.

Este libro culmina la trilogía titulada Bajo el Cielo de Oriente: La primera dedicada al Legado de España en Tierra Santa 1899-1955; la segunda a Francisco Martínez Roque, misionero franciscano en Egipto y Medio Oriente y primer orientalista español; y la tercera a la fascinante historia del Colegio Español la Virgen del Pilar de Jerusalén, que en el año 2023 celebró el centenario de su fundación.

Presentamos nuestro agradecimiento a la Casa de Santiago de Jerusalén, al Consulado de España en Jerusalén, a las Misioneras Hijas del Calvario, a la Custodia Franciscana de Jerusalén, a la Orden de Caballería del Santo Sepulcro de Jerusalén, a las Damas de la Corte de Honor de Nuestra Señora del Pilar de Zaragoza, a las órdenes franciscana y capuchina, así como a los archivos y bibliotecas diocesanos de Vitoria y Pamplona, y a la aportación tan valiosa de la Dra. Carolina Aznar, del Dr. Wifredo Rincón y de D. Tomás Cuadrado.

María Luz Mangado Alonso
Pedro José Bartolomé Fuentes
Jerusalén-Vitoria-Pamplona-Madrid 2024

Capítulo I

Antecedentes de la fundación de un colegio en Jerusalén

Entre la documentación conservada en la Secretaría del Rey Alfonso XIII en el Archivo de Palacio Real de Madrid se encuentra un interesante documento de seis páginas del Conde de Ballobar en 1919, entonces Cónsul de España en Jerusalén, escrito tras el final de la Guerra Mundial, en la que expone la necesidad de crear un centro en la ciudad santa para el aprendizaje del español, con la idea de que la escuela ocupase la casa consular dentro de las murallas y adquirir otra sede para las actividades diplomáticas españolas. Lo exponemos a continuación por el gran interés que aporta a las razones del origen del Colegio del Pilar de Jerusalén:

«Situación política

La entrada de los ingleses en Jerusalén fue acogida por todo el mundo como la liberación de la Ciudad Santa. Y así lo fue, en efecto, porque nadie podía soportar las arbitrariedades de los turcos, incluso los propios aliados austro-alemanes. Cristianos, israelitas y musulmanes acogieron, pues, con entusiasmo al Ejército inglés.

La declaración de Lord Balfour, anunciando que la Palestina sería un "national home" para los judíos; enfrió mucho el entusiasmo de cristianos o musulmanes, pero hasta hace poco no se movieron unos y otros porque todo el mundo creía que era un movimiento del Gobierno inglés para atraerse la simpatía y la ayuda financiera de los israelitas. Pero estos últimos comenzaron a actuar como amos en el país y solicitaron v. g. que el hebreo fuera el idioma oficial al mismo tiempo o con preferencia al árabe, se permitieron enarbolar banderas sionistas, provocaron en alguna ocasión a los musulmanes y a los cristianos (habiendo habido algunos encuentros en los que se repartieron abundantes palos), se reunían sin cesar, empezaron a llegar abundantes masas de soldados judíos del ejército inglés (de la futura guarnición de Jerusalén, según pretenden los israelitas de esta ciudad; se inundó la ciudad de letreros y armas de David).

Ante el peligro común se han unido cristianos y musulmanes, formando dos Comités islamo-cristianos. Estos, sin embargo, divididos en sus opiniones; los musulmanes jóvenes quieren que la Palestina quede bajo el poder del Rey del Hejaz, otros bajo el Gobierno egipcio y otros una especie de Estado autónomo, bajo una protección europea. Los musulmanes importantes desean claramente la dominación inglesa. Los cristianos también están divididos pidiendo unos la administración del país por tres potencias, Inglaterra, Francia e Italia, otros la de todas las potencias, y otros la autonomía.

Si se llegan a poner de acuerdo ambos grupos (de lo que se está tramando estos días) enviarán delegados a la Conferencia de Paz. Los israelitas se mueven mucho por su parte y ya están designados sus Delegados que partirán por la primera ocasión a Francia; entre ellos figura Mr. Yellin, una de las personas más influyentes y respetadas de esta ciudad y es el presidente del Council of Jerusalem Jews, que firma el mensaje de gratitud elevado a S. M. el Rey.

No puedo adelantar el pronóstico porque ignoro cuál es la opinión del Gobierno inglés, pero sí puedo decir que si hicieran declaraciones terminantes, que asegurando el libre desenvolvimiento de los israelitas en Palestina asegurarse que no le sería entregado el Gobierno del país, la inmensa mayoría de la población vería como solución del pleito la dominación exclusiva de Inglaterra, quizás como un organismo internacional que regulase las cuestiones religiosas. Sea cual fuere la solución, los israelitas serán los amos económicamente y el país está llamado a un desenvolvimiento y una riqueza enorme.

Un cierto grupo de cristianos vería con gusto otra resolución: que el país fuese gobernado por una potencia neutra V. g. España, Bélgica, Suiza… pero es una minoría y en caso de que prevaleciese y que fuese España la potencia designada no sé si convendría aceptar ese cargo. Pero no es a mí a quien correspondería aceptar esa conveniencia.

Influencia española

Hay tres cuestiones que interesan a España en Palestina y Siria: el comercio, el desarrollo de nuestro idioma, y la influencia político religiosa a esa conveniencia, presentada por los frailes españoles.

a) El comercio apenas ha existido hasta el día de hoy; antes de la guerra se importaban algunas conservas, vía Marsella, y con etiqueta francesa en su mayoría; algunas de las casas de Barcelona habían hecho pedidos de importancia (tejidos) en Beirut. Esto era todo. Como muestra de nuestra industria solo conozco dos fábricas de aceite instaladas en Sevilla, en conventos franciscanos de Jerusalén y Ramleh por empeño de algún patriota religioso. Durante la guerra europea se han importado muchas mercancías españolas en Egipto y algunas de ellas han sido exportadas de allí a Palestina y ahora se venden a Jerusalén telas españolas, medicamentos y hasta carburo de calcio "provenance espagnole". Actualmente hay margen para muy buenos negocios para una Compañía de navegación si se decide a hacer las escalas de Jafa, Caifa, Beirut y de más puertos de la costa de Siria, como complemento a las de Egipto (que es donde puede hacer mucho, dada la importancia del mercado). Indudablemente este país está llamado a un gran desarrollo, por la inmigración israelita e importancia de sus capitales, movimientos de turistas (facilitado enormemente al ferrocarril de Egipto, construido por los ingleses durante la guerra y que permitirá venir del Cairo a Jerusalén en unas cuantas horas) y por las grandes obras de riegos, construcciones, etc., que la potencia o potencias, cuyos interés sean predominantes, ha de llevar a cabo en su propio interés. Es ahora, precisamente el momento de lanzarse a la conquista de este mercado e imitar a los italianos que instalan ya una sucursal del Banco di Roma y que empezarán a venir con sus vapores a estos puertos dentro de unos días. Y los griegos esperan instalar una del Banco Nacional de Grecia y el Comptoir National de Escompte, vendrá también además de los Bancos ya existentes: Credit Lyonnais, Anglo Egyptian Bank, Anglo Palestine Ltd., Banque Imperiale Ottomane. Esto prueba, a parte de los fines políticos con que se establecerán, la importancia que se concede a este mercado.

Ahora bien, he oído hablar que la Compañía Trasatlántica tiene la intención de hacer el Mediterráneo, y lo propio se dice de la Compañía Transmediterránea y, si esto es verdad y si estas u otras compañías se proponen hacer ese negocio, ¿por qué no se apresuran? Es el momento en que una vez creada la clientela de las otras extranjeras, nuestras compañías tendrán que hacer esfuerzos que no conducirán a ningún resultado práctico y no conseguirán introducirse aquí, mientras que si son las primeras conseguirán hacer negocios. Este Consulado está dispuesto con las Agencias honorarias de él y así mismo el Cónsul de la Nación de Damasco, que abunda en las mismas ideas a hacer toda la propaganda, pero es indispensable que nuestras Compañías digan si piensan o no en venir aquí, incluso por telégrafo (sería muy desear) porque no hay tiempo que perder.

He hablado ya a las autoridades inglesas, quienes parecen ser favorables al proyecto y espero interesar pronto a las francesas de Beirut.

Base importantísima para esta línea sería crear una Sociedad Comercial con residencia en España y capitales españoles y sirios, cuyo objetivo fuese encargarse de los negocios de representaciones de casas españolas, consignatarios de los vapores, informaciones, etc. Bastaría un capital de 400 o 500.000 francos, que no creo que fuese tan difícil de suscribir, puesto que ya conozco varios capitalistas de este país, que están dispuesto a ello. Aquí me comprometo a colocar la mitad de este capital.

Dentro de unos días enviaré al Ministerio de Estado copia de una Memoria, especificando los productos españoles que podrían introducirse aquí y en Egipto, y sucesivamente enviaré otras de los diferentes puertos del litoral, pero lo esencial es que entretanto sepa yo la decisión de las compañías nacionales.

Enseñanza del español

Subordinada a la creación de esta línea de vapores es la enseñanza del español a los numerosos israelitas de origen español que habitan en el país y repito, serán los dueños (económicamente) de la actual Palestina; antes de la propaganda sionista que hoy se hace hubiera sido el momento de enseñárselo, porque ahora se sigue una campaña sistemática contra toda lengua que no sea el hebreo, pero si los vapores vienen se verán muchos, obligados por sus negocios, a aprenderlo. Como ya hablan el judío español, nada más fácil para ellos, con dos meses de enseñanza del verdadero español.

Influencia religiosa

En los archivos del Ministerio de Estado se puede estudiar a conciencia el papel importantísimo que España ha desempeñado en la Custodia de Tierra Santa. Pero por vaivenes políticos y por indiferencia de muchos (que a mí no me corresponde juzgar) estamos en una situación de decadencia que no sé cómo acabará. El Vaticano está de acuerdo con el Quirinal por estas cuestiones de Tierra Santa, y como los únicos religiosos que hacen sombra a los italianos son los españoles, a causa de los derechos que los millones enviados por España les ha validado, ya que no hayan conseguido (por la altísima y patriótica intervención de S. M.) anularlos, tratan ahora de desacreditar a nuestros frailes. No lo conseguirán y buscarán otro medio para atacarnos. Esa lucha constante tiene que acabar de una vez; si en el Congreso de la Paz (como se dice) se trata de la Custodia, debemos de defender nuestra posición en la misma y si, se decide acabar con la internacionalización de la misma, reclamar nuestros derechos a los seis conventos de Ramleh, Jafa, San Juan, Damasco, Constantinopla y Nicosia (Chipre), construidos y sostenidos con fondos de España. Como esta cuestión necesita conocimientos de uno que haya llevado mucho tiempo en Tierra Santa, debería asesorar a nuestra representación Don Rafael de Casares, actual Cónsul de Burdeos, que conoce perfectamente todas estas cuestiones.

Pero yo no creo que se ponga sobre el tapete este asunto sobre dicha Conferencia y más creo que seguirá el Vaticano su campaña antiespañola, más lenta pero más segura. Y una de dos: o se protege a nuestros frailes con toda energía o bien se debe fundar en Jerusalén un convento perteneciente a una orden española y que sea promotor de nuestra influencia; no me parece difícil que una de tantas congregaciones como hay en España quiera y consiga establecer en Tierra Santa. Y si hay dificultad por parte de Roma, por qué no crear (como los austríacos tienen) un Hospicio o establecimiento nacional comprado a nombre de un particular y servido por sacerdotes españoles. Si la idea se aprueba en principio, pronto puedo facilitar los detalles que me pidan para su instalación. Ese establecimiento o convento debe fundarse aun en el caso de que se deba cambiar la política por otra de más energía en apoyo de nuestros frailes.

Construcción de un Consulado

Para desarrollar las ideas anteriores lo mejor es adquirir un terreno en esta ciudad y construir en ella un edificio para el Consulado; un par de habitaciones con puerta separada, podrían servir para escuela y el maestro podría ser alguien del país por el momento que conozca bien nuestra lengua y lo haga gratis por una pequeña remuneración. Otra habitación podría ser destinada a Museo comercial, como exposición comercial, muestras catálogos, listas de precios, etc. de nuestros productores.

Como existe ya en este Consulado 30.000 pesetas para construir en su día un Consulado, además se podrían obtener otras 30.000 o quizás más de la vieja e inhabitable casa consular, y podría construirse ese edificio con muy poco esfuerzo. Si se acepta la idea de construirlo enseguida, el arquitecto español Señor Aranda residente en Damasco, podría hacer los estudios y plano con toda rapidez. Y aun suponiendo que la Escuela y el Museo no dieran resultado, siempre quedaría el Consulado.

Apéndice

En la última reunión del Comité islamo-cristiano se decidió pedir una de las dos soluciones siguientes: internacionalización de la Palestina con la cooperación de todas las potencias (no solamente las tres de las que antes hablo) o bien la formación de un estado autónomo bajo un control internacional.

b) Para que se vea que los franciscanos no pueden enseñar por si solos nuestra lengua basta el siguiente hecho: en la escuela turca de Tierra Santa (franciscanos) en Belén se enseña el francés, el italiano y, a pesar de que la población pidió que se enseñase el español (ya que antes había esa clase a causa de emigrar muchos beletmitanos a América del Sur), la Custodia ha rehusado y solo ha prometido que quizás se enseñe el año que viene…. En el 2500 quizás….De modo que, si no se enseña por la intervención directa del Consulado o por el establecimiento verdaderamente español, es inútil pensar en ello.

c) En un despacho oficial del Ministerio de Estado he hablado de la formación en esta ciudad de la Sociedad "La Jeunesse Catholique", en la que se ha fundado una clase de español. He solicitado para ello una subvención, de una sola vez, de 500 pesetas (que he pagado yo de mi bolsillo por si no se aprueba por el Gobierno) y dos bibliotecas de las que facilita el Ministerio de Instrucción Pública, uno para la Sociedad y otra para el Consulado. Quiero evitar que se enseñe (como he visto en la Alianza Israelita a los niños, que España es un país tan pobre que la gente vive de las castañas. Y eso lo he visto en el libro de Geografía (desde hace más de cuarenta años) en que aprenden a conocer España (!!).

Jerusalén 7 de enero de 1919
(Fdo.) El Conde de Ballobar. Cónsul
Es copia conforme»

Capítulo II

Las Misioneras Hijas del Calvario en Jerusalén[2]

La madre Ernestina Larrainzar[3] es la fundadora de la congregación de religiosas denominada Misioneras Hijas del Calvario[4]. Larrainzar era hija de un diplomático mejicano. Con su herencia, el apoyo de su hermana Enriqueta, también religiosa, y la orientación del padre franciscano Manuel Ortiz, consolidó la creación de una comunidad dedicada fundamentalmente a la educación y asistencia a los enfermos. Finalmente, el 19 de enero de 1885 se convirtió en un Instituto religioso con la toma de hábito de cinco novicias. En octubre de 1890, la fundadora sor Ernestina con su hermana, también religiosa, Enriqueta y el sacerdote Manuel Ortiz, considerados los tres impulsores de las Misioneras Hijas del Calvario, viajan a Jerusalén.

En la visita a Roma de 1908, la fundadora fue recibida por el Cardenal Vives y Tutó, que le favoreció la audiencia con el Papa Pío X y fue un gran protector de la fundación de las Misioneras Hijas del Calvario. Entre el 27 noviembre de 1908 y el 24 de enero de 1909 consta que sor Ernestina viaja con una peregrinación mexicana a los Santos Lugares; no sigue la ruta de los peregrinos y centra su estancia en la ciudad santa.

En sus constituciones, aprobadas por la iglesia dice[5]:

«El fin principal de la congregación es la propia santificación de sus miembros, por medio de la observancia de los tres votos que constituyen la vida religiosa… su fin especial y secundario es la práctica de las obras de

---

[2]   Archivo de las Misioneras Hijas del Calvario en Jerusalén.
[3]   Sobre la vida de la fundadora ver SERRA, *Vida de Sor Ernestina de la Cruz, fundadora de las Hijas del Calvario,* La Habana 1941.
[4]   Para conocer la historia de la congregación consultar, IZCO ILUNDAIN, *Misioneras Hijas del Calvario. Un siglo de historia (1885-2000)*, Roma 2018.
[5]   Constituciones de la institución religiosa Misioneras Hijas del Calvario.

caridad… su fin característico es guardar en su corazón la devoción perpetua a la Pasión y Muerte de Nuestro Divino Redentor, y extenderla y propagarla por todas partes… y por eso, este Instituto está bajo la protección de la Santísima Virgen de los Dolores. Es obligado el silencio en las horas de la agonía de Jesús y en todas sus iglesias y oratorios la imagen principal del altar será una representación del Calvario en el momento de la muerte de Jesús».

El 21 de junio 1921 las religiosas piden a *Propaganda Fide* de Roma el permiso para abrir un centro en Jerusalén. La congregación pontificia responde el 10 de noviembre, tras haber oído al Patriarca de Jerusalén, Luigi Barlassina, quien da su beneplácito para que exista una casa próxima al Calvario.

1. Misioneras Hijas del Calvario en Jerusalén

Propaganda Fide pone una serie de condiciones para la apertura de la sede de Jerusalén: no abrir una escuela primaria o elemental; pueden erigir un orfanato; impartir cursos de inglés a la manera de los protestantes; enseñar cursos superiores para asuntos comerciales. Si no se cumplen están condiciones, *Propaganda Fide* puede cerrar la casa.[6]

Ya fallecidos Enriqueta y Manuel Ortiz, sor Ernestina viaja a Jerusalén desde Roma el 15 de diciembre, acompañada de sor María Isabel Estrada.

---

[6]   Quiero agradecer a las Misioneras Hijas del Calvario de Madrid, y en especial a la hermana Casilda que tan amablemente me ha aportado la documentación para completar este apartado. También al archivo franciscano de Chipiona. Conf. IZCO ILUNDAIN, *Misioneras Hijas del Calvario*. Posee varios apartados dedicados a la fundación de Jerusalén.

A su paso por la ciudad eterna, el Santo Padre, Benedicto XV les había dado una carta de presentación para el patriarca hierosolimitano. El 24 de diciembre las religiosas llaman a las puertas de San Salvador de los padres franciscanos en Jerusalén, en donde les esperaba el padre Aracil. La noche de Navidad acudieron a Belén, y al regreso tuvieron un accidente con el coche, pero afortunadamente no hubo heridos.

El entonces Procurador General en Tierra Santa, Gabino Martín y el padre Antonio Aracil, destinado a dirigir las peregrinaciones de habla española (ambos procedentes del Colegio de Misiones para Tierra Santa de Chipiona y Marruecos, de la provincia de Cádiz), instalaron provisionalmente a las monjas en Casa Nova, hospedaje de la Custodia de Tierra Santa para los peregrinos que acuden a visitar los Santos Lugares.

En los archivos de las Misioneras Hijas del Calvario en Jerusalén hay dos interesantes documentos aclaratorios a estos primeros momentos de la estancia hierosolimitana de las religiosas:

«El Padre Gabino Martín Montoro, entonces Procurador General de Tierra Santa, y el Padre Antonio Aracil, acogieron benevolmente al principio, luego con todo entusiasmo a las Hijas del Calvario y se pusieron a su servicio para las gestiones que su delicada misión requería».

El 3 de enero de 1922 sor Ernestina pidió al patriarca venia para fundar una casa para que las religiosas puedan acompañar al Calvario cada día las tres horas de agonía de Cristo. Atendiendo las advertencias de Roma, expresa que más adelante se dedicarán a los otros fines que les han sido indicados en el Vaticano. Tras la acogida del prelado, las monjas se trasladan a las habitaciones que las religiosas de María Reparadora reservan en su convento para semejantes ocasiones. Con la licencia del obispo para que vengan más religiosas, sor Ernestina y sor Isabel preparan habitaciones en la Casa de María Reparadora para que viajen María Magdalena Martelli, María Teresa Urilli, Inés Marrochino y María Anunciación Bartoletti. Les aconseja en una carta que vayan bien provistas de ropa, que arreglen sus pasaportes en *Propaganda Fide*, que intenten obtener una rebaja del pasaje, así como que viajen con el hábito negro o de seglares, y que cuando embarquen, que manden un cable para saber el día de llegada a Alejandría.

El 22 de enero había fallecido el Papa Benedicto XV, y solo unos días antes de la partida de las religiosas fueron recibidas por el Santo Padre, dándoles su bendición para su nueva empresa. El 2 de febrero salieron de Roma y llegaron a Jerusalén el día 8 con dificultades. Una de ellas dejó una crónica del viaje:

> «El 3 de febrero nos embarcamos en Brindis… a tres nos cogió el mareo. En Alejandría, gracias al Padre Roque nos libramos de la cuarentena. En la aduana no teníamos dinero suficiente para pagar lo mucho que nos pidieron…Nos ayudaron las gentes de los trasbordos de trenes y el 8 llegamos a Jerusalén. Nos esperaban al pie del tren María Ernestina y María Isabel con lágrimas de gozo. Todas las penas del viaje desaparecieron. Nos llevaron en seguida al Calvario ¡Qué Impresión!»

El domingo 19 de febrero, se iba a inaugurar las dependencias que ocupaban con la bendición del patriarca y la presencia de los franciscanos, pero debido al mal tiempo se realizó al 21 del mismo mes: tuvo lugar la instalación del Santísimo Sacramento con el Patriarca Barlassina y los franciscanos, ante el profundo gozo de las demás religiosas.

Una hoja escrita de la madre fundadora relata[7]:

> «Instaladas provisionalmente las religiosas en la Casa Nova, el hospedaje de Custodia de Tierra Santa para los peregrinos que acuden a visitar los Santos Lugares, y más tarde en las habitaciones que las religiosas de María Reparadora reservan en el convento para semejantes ocasiones, al cabo de dos meses, y habiendo llegado algunas nuevas religiosas para ocupar la casita o parte de la casa que por entonces pudieron encontrar cómo más a propósito para el fin deseado, siquiera por su proximidad al Santo Sepulcro, el día 21 de febrero de 1922, quedó solemnemente inaugurada la fundación de la Congregación Misioneras Hijas del Calvario en Jerusalén, dignándose hacer la bendición de dicha casa y su capilla el Exmo. Patriarca Latino Monseñor Luigi Barlassina, a las 3 h. de la tarde, acompañado del M.R.P. Antonio Aracil y estando presente la madre fundadora de dicha congregación la Madre Ernestina Larrainzar, y las hermanas Mª Isabel Estrada, Mª Magdalena Martelli, Mª Annunciata Bartoletti, Mª Teresa Ubrilli y Mª Inés Marrochino, que son las que vinieron a fundar esta casa en Jerusalén y para constancia de este acto inaugural se firma el acta.

---

[7]   Acta conservada en el Archivo de las Misioneras Hijas del Calvario de Jerusalén.

Siguen las firmas»

Otro documento adjunto confirma el traslado definitivo a la casa consular española:

«…pocos meses después, el 24 de octubre de 1922, las religiosas se trasladaron a otra nueva residencia: una casa algo más amplia que la primera, que la Obra Pía de España posee en Jerusalén, y que tiempos atrás fue residencia del representante consular de España en la Santa Ciudad».

En los primeros días se organizaron en grupos para orar en el Calvario, desde la once de la mañana hasta las tres horas de la tarde, con el fin de velar a los pies de Jesús durante su agonía; se relevan en dos turnos. También dedicaron ratos libres a enseñar a los niños que veían correteando por las calles de la ciudad.

Tras unos meses de estancia intentan adquirir la casa polaca por 17.000 libras, pero el 24 de octubre de 1922[8], las monjas se instalan definitivamente en la casa consular de España, ubicada a pocos metros del edificio anterior. El patriarca no deseaba que fundaran un parvulario, pero la directora sor María Zambrano solicita en carta del 22 de diciembre de 1922 al Obispo Barlassina, la autorización para acoger en la planta baja un asilo, con el objetivo de recibir a los niños hasta los seis años, durante tres o cuatro horas por la mañana y otras tantas horas por la tarde. El patriarca finalmente autoriza el centro infantil. El 14 de julio abren "la escuela de labores" para niños abandonados.

En 1923 no hay muchas noticias de la casa de Jerusalén: el 23 de enero abren una escuela de párvulos y más tarde un dispensario. Las hermanas empiezan a estudiar árabe para poder llevar adelante el centro. La fundadora manda dos nuevas religiosas españolas María Vicenta Vadillo Uritierri y María Guadalupe Andreu Zafón (ambas en segundo año de noviciado). Viajaron formando parte de la primera peregrinación hispanoamericana y llevando consigo una imagen de la Virgen del Pilar, a la que nos referiremos posteriormente.

---

[8]   Sor Ernestina en marzo de ese año vuelve a Roma de Jerusalén. Allí tuvo una entrevista con el sucesor de Benedicto XV, Pío XI, y visitó las fundaciones italianas.

En mayo de ese mismo año en la visita *ad limina* de L. Barlassina a Roma, expresa las dificultades que tienen las religiosas para abrir una escuela. El padre Aracil, en una carta a sor Ernestina, con fecha del 5 de noviembre desde Jerusalén le expresa:

> «Sus hijas van muy bien espiritualmente y van a trasladarse en esos días a la casa consular española, que hemos arreglado y mejorado mucho. Se inauguró el día de Todos los Santos con la misa que les celebraron y ellas cantaron bonitamente».

Fray Gabino, Procurador General en Tierra Santa entre 1919 y 1925, tuvo una relación personal con la fundadora sor Ernestina Larrainzar. Ofició el 25 de febrero de 1925 una misa de difuntos en la Iglesia de San Salvador de Jerusalén por la muerte de la religiosa.

El Instituto desde su origen se dedica a toda clase de obras de caridad. A pesar de la modestia de las primeras décadas, la actividad en beneficio del barrio cristiano les animó en su tarea. Buena parte de la obra misionera se ejercía originariamente desde la sede de formación que tenían las monjas en el Seminario de Misiones Extranjeras en Burgos.

Capítulo III

El Consulado y el Colegio de España en Jerusalén[9]

La Casa de España era un inmueble de la Obra Pía que se había adquirido en el barrio cristiano, entonces bajo dominio turco, durante el reinado de Isabel II. En varios documentos del archivo consular constan los edificios comprados y el precio: en 1853 por 5000 piastras; 1857 por 84.796 piastras; 1863 por 94.796 piastras.

Tras el final de la Primera Guerra Mundial, al pasar Palestina al Protectorado Británico hubo que actualizar las posesiones españolas en Tierra Santa, lo que derivó en ciertas dificultades. No obstante, el Consulado de España, en la ciudad vieja de Jerusalén se inscribió de forma definitiva al nombre del Ministerio de Asuntos Exteriores. La casa consular era un edificio antiguo con jardín, compuesto de varias partes compradas o alquiladas. El consulado de Jerusalén y las demás representaciones de España en los territorios que alcanza la acción de la Custodia de Tierra Santa, eran mantenidos económicamente, incluidos los sueldos de los titulares, con los fondos de la Obra Pía desde 1837. Estas instituciones fueron eximidas de la desamortización, precisamente por ser propiedad estatal[10].

Tras el final de la Primera Guerra Mundial, el Cónsul Antonio de la Cierva es destinado a Constantinopla y es reemplazado por el diplomático navarro Pablo Jaurrieta, quien se traslada a vivir a Jerusalén con su esposa, Sylvia Baleztena y sus cuatro hijos. Jaurrieta permanecerá en el cargo casi diez años. La familia Jaurrieta-Baleztena también, crea un gran vínculo con los franciscanos y el Procurador de los Santos Lugares, el gallego fray Gabino

---

[9] Archivo Consular de España en Jerusalén, sección Obra Pía.

[10] CAMPO REY, *Historia diplomática de España en los Santos Lugares 1770-1980*, Madrid 1980, 176-177; 209-210; 401-403.

Martín. Pablo Jaurrieta decide transferir la sede consular española fuera de las murallas de la ciudad y con el apoyo de fray Gabino abren en la casa un colegio. Para llevar a cabo esta labor, Jaurrieta, con la aprobación del Rey Alfonso XIII, de su Gobierno y del Nuncio Pontificio, Federico Tedeschini, llama a las Misioneras Hijas del Calvario para hacerse cargo de la escuela. El consulado estuvo ocupando una parte de la casa y siguió operando hasta que en 1949 pasó a ocupar otro local fuera de las murallas.

2. El Colegio del Pilar de Jerusalén, próximo al Santo Sepulcro

El 26 de enero de 1923, se abre el colegio para los niños del barrio más desfavorecidos, así como un dispensario médico para la atención de enfermos como una sucursal de la Cruz Roja de España, tras la aprobación de la sede central en Madrid. Para la primera zona escolar se asigna la parte baja de la casa; un antiguo corral para camellos se adecenta como pequeña capilla dedicada a la Virgen del Pilar. Se inicia así la tarea educativa con seis niños y niñas. Los comienzos fueron difíciles, pero la directora sor María Alta Gracia venció las dificultades, aprendiendo algo de árabe.

3. Aula del colegio

La primera adecuación del inmueble, según los informes que hemos recogido, son realizada por el Obispo Zacarías Martínez desde 1924, al contar con el óbolo de los fieles españoles, el Rey Alfonso XIII y el Gobierno, entonces presidido por el Marqués de Estella[11]. Esto permitirá hacer un pequeño edificio, que albergará la iglesia y residencia. La primera piedra de la iglesia la coloca el Cardenal Enrique Reig Plá en 1925 y será consagrada a la Santísima Virgen del Pilar. Entre 1928 y 1929 se disponía ya de una cantidad de dinero suficiente para afrontar las primeras obras escolares; se asignaron 25.000 pesetas de los presupuestos estatales.

Esta información se completa con una noticia derivada de una entrevista al Obispo Zacarías, el cual resalta la obra del Seminario Diocesano de Vitoria y el centro de Nuestra Señora del Pilar en Jerusalén. Dice así[12]:

---

[11] Noticia publicada en El Noticiero Gaditano (6 de marzo de 1929) 2; El Heraldo Alavés (6 de marzo de 1929) 3; La Tierra: Asociación de labradores y ganaderos del Alto Aragón (6 de marzo de 1929) 3.

[12] El Adelanto, diario político de Salamanca (4 de febrero de 1928) 2, titulado: *Una interesante charla. El padre Zacarías Martínez y los próximos centenarios de fray Luis de León y San Agustín. -El Protestantismo agoniza-¡España sin capilla en Jerusalén!*

«El Padre Zacarías Martínez nos habla de su obra en Vitoria, donde ha fundado un Seminario que según nuestras noticias va a ser el mejor del mundo. Tiene 150.000 metros cuadrados; dos capillas, una iglesia, parque, laboratorios, incluso de ciencias. Lo piensa dejar entregado antes de abandonar la diócesis de Vitoria para posesionarse de su nuevo cargo de Arzobispo de Santiago, que seguramente será a finales de Abril o primeros de Mayo, ya que acaban de llegar las bulas de Roma.

-Tenemos noticia de una obra que prepara vuestra excelencia en Jerusalén...

Sí señor, trato de fundar una Iglesia para la Virgen del Pilar en Jerusalén. Como Obispo de Vitoria fui a la peregrinación anual, y la Corte de Honor de Zaragoza nos regaló una estatua de la Virgen del Pilar como devolución de la visita que hizo la Virgen a Zaragoza. Pero... ¡En Jerusalén no había donde colocarla! Aquello fue un golpe rudo para mi alma. Todos los países tienen iglesias en Jerusalén...todos menos España que ha dejado allí más dinero que nadie con la obra pía de los franciscanos; España cuyo Rey se llama, Rey de Jerusalén; España que por el Obispo de Vitoria -sea quien sea-hace todos los años una peregrinación a Jerusalén por escrito del Papa; España que tiene allí hasta grabados sus escudos, incluso en sus capas pluviales. España...no tiene donde poner la Virgen del Pilar; España no tiene iglesia, ni hospedería, ni nada...La tristeza para mí fue muy grande, pero muchas veces inspira ideas. Aquello no podía continuar así, y traté de recaudar para una iglesia, pero sin hacer suscripción. Llevo conseguidas unas 35.000 pesetas aproximadamente. He hablado de ello al Rey y al Presidente Primo de Rivera y se han mostrado entusiastas con la idea. El Presidente me dijo: Si es posible que la iglesia que levante España sea la mejor de todas las de Jerusalén. Uniendo la acción a la palabra destinó en los nuevos presupuestos 25.000 pesetas para cooperar en esta idea. Pero el terreno allí es muy caro; vale de 80 a 84 pesetas el metro cuadrado, faltando algunos miles solo para comprar el terreno. La obra de mano será más barata. Se edificará templo y hospedería. Continúo reuniendo limosnas, ahora en Vitoria, y después en Santiago de Compostela...

Esta es una ocasión oportunísima para España y para cuantos hablan el idioma español, porque parece que los ingleses tratan de abandonar aquello a los turcos, y siendo Oriente de tanta influencia como es en el mundo, no se prestará ocasión más oportuna para España, ocupando allí el puesto que merece».

Podemos deducir de estos interesantes informes que el presupuesto que se contó para hacer el proyecto inicial fue de 60.000 pesetas aproximadamente con la contribución de la Corona.

Hay un dato curioso hallado en el Archivo de la Custodia de Tierra Santa de Jerusalén (Carpeta 6: Ordine e instituti relig. cattolici) con fecha del 2 de noviembre de 1926, en que la Custodia concede al Colegio de España la implantación del tendido eléctrico para llevar la luz al edificio.

1. Las Bodas de Plata 1923-1948[13]

La primera ampliación efectiva se inicia en 1931 y poco después, tras la aprobación de la Junta de Patronato de la Obra Pía, se inició la construcción de las aulas necesarias. El número de alumnos fue creciendo y en 1931, una profesora dedicada a la enseñanza se pudo incorporar como docente. En 1932 se inauguran los nuevos locales que se habían habilitado de nueva planta en el patio del huerto. El nuevo espacio pertenecía a una casa de la Obra Pía; se cedió una habitación para la escuela de párvulos.

En 1933, estando el franciscano Francisco Martínez Roque, Procurador de España en Tierra Santa entre 1931 y 1936, ve en la necesidad de efectuar una rehabilitación completa de todo el edificio, gastos que pagó mediante una dote, heredada de su familia.

4. El Procurador Francisco M. Roque, con las niñas de primera comunión

---

[13] Documentación aportada por fray Sabino Muñiz, Revista Tierra Santa 23 (1947), 65-68.

En los años 1934 y 1935 se aceptaron los planos para hacer mejoras dentro del antiguo recinto consular: Se aumentó el espacio del nuevo colegio, con la construcción de una planta en forma de L, con el ala mayor paralela a la calle (este cuerpo de edificación fue sobre elevado en una planta a expensas del Estado español en 1960). También se amplía el salón, una dependencia para la biblioteca y se añade un espacio para la enfermería que dependía de la Cruz Roja Española. Además, en un espacio libre, propiedad de la Obra Pía, se provee de un pabellón que se dividió con mamparas, consiguiendo tres aulas más que se destinaron a escuelas. Aun así, el espacio resultó pequeño, por lo que la Custodia cedió una gran habitación, en la que se instaló la clase de párvulos para 200 alumnas. En 1934 en el centro médico de la Cruz Roja se atendieron a cinco mil enfermos.

En el Archivo de la Custodia de Tierra Santa se ha encontrado el valioso legado del Francisco Martínez Roque. En el libro segundo de su crónica aporta datos referidos a este periodo al Colegio Español, que así se denominaba también, y que reproducimos aquí literalmente por su aportación[14]:

La Escuela Nacional Española en Jerusalén.

«Comprendí desde luego que no bastaba haber mandado la memoria al Ministerio de Estado y Junta del Patronato de la "Obra Pía", sino que era necesario hacer algo que llamara la atención en dicho ministerio, haciéndome conocer, y poder entrar en relaciones con él, en relación con el cuestionario enviándome para responder. Fruto de mis cavileos fue una idea luminosa que me abriera el camino. Era una tarde de mediados de diciembre de 1932, cuando por primera vez me dirigí a hacer una visita a la Casa de España, donde residen las religiosas "Hijas del Calvario" y tienen abierta una pequeña escuela para niñas y un pobre dispensario para enfermos. Al entrar en la casa y ver el estado ruinoso en que se halla, después de saludar a la madre superiora y religiosas, hice una inspección detenida de todo el local y dije, esto no puede continuar así. Una escuela y un

---

[14] MANGADO ALONSO, *Bajo el cielo de Oriente. Crónica de Francisco Martínez Roque Aguinaco (1877-1944) en Tierra Santa y Egipto. Primer orientalista español.* Victoriensia vol. 93-1/2 (Custodia de Tierra Santa- Obra Pía de los Santos Lugares), Victoria-Gasteiz 2024 (en prensa).

dispensario en estas condiciones, no será tolerado jamás por el Gobierno, ni por el Ministro de Educación, ni por el de Sanidad. Para formarse la idea basta decir, que el dispensario se encuentra en una habitación lóbrega, húmeda y cuyas dimensiones no pasan de cuatro metros de larga por dos metros de ancha, con una pequeña ventana. Las dos pequeñas habitaciones que sirven de escuelita, son antihigiénicas, húmedas, sin ventilación y con muy poca luz. El pequeño patio de la casa para recreo, solo tiene cinco metros cuadrados. La impresión no ha podido ser más triste y penosa. Lo que podría llamarse huerta, es un conglomerado de ruinas, de pequeñas barracas destinadas a depósito de leña, trastos viejos, gallinero y una cisterna vieja. En una palabra, de la visita salí desilusionado; pero hallé la piedra filosofal para poder hacer algo práctico, que ciertamente agradaría al Patronato de la Obra Pía de Jerusalén.

En efecto, a mi regreso al despacho en San Salvador formé mi plan de obras de reconstrucción y transformación del local de la Casa de España en algo que fuera digno de España. Llamé enseguida al ingeniero Sr. Baranki por teléfono para tener una entrevista con él y exponerle mi proyecto. En nuestra conversación hablamos primeramente de las dificultades para obtener el permiso de edificar dentro la vieja ciudad, inconveniente que me encargué yo de vencerlo dada mi amistad con el Sr. Alcalde, Nassisibe; de la clase de construcción que será más económica, cemento armado. Su división, consistente en una gran sala, para las clases, una habitación para la biblioteca y otra para el dispensario para curar y dar medicinas a los pobres. En cuanto a las dimensiones y orientación de la fábrica, lo dejamos para la mañana del día siguiente que quedamos en encontrarnos sobre el terreno. Así fue, muy temprano nos hallamos en la Casa de España, tomamos las medidas, fijamos las dimensiones, y escogimos el puesto mejor y más apropiado. "Con urgencia quiero los planos", le dije; "hoy es lunes para el jueves deseo tenerlos y poder discutir el presupuesto del coste de la fábrica". Efectivamente, el jueves me presentó los planos con su correspondiente presupuesto, les discutimos y llegamos a un acuerdo perfecto, siguiendo las firmas. Entre tanto el ingeniero se ocupaba de las formalidades en el ayuntamiento, yo presenté enseguida una copia del proyecto al Sr. Cónsul de España, D. Francisco de Ranero, para enviarlo al Ministerio de Estado. Al ver el plano el Sr. Cónsul, me felicita, y dice: "este es el camino, es Ud. un diplomático". Yo hubiera deseado comenzar inmediatamente con las obras, pero me aconsejó esperar hasta que recibiera la aprobación de Madrid. El plano con su presupuesto acompañado de una instancia mía y una carta de recomendación del Sr. Cónsul, salió este mismo día para el Ministerio de Estado, para obtener la aprobación del Sr. Ministro. Mientras tanto, yo di orden al ingeniero de comenzar los trabajos de desescombro y limpieza del local y abrir las zanjas para echar los cimientos de la nueva escuela. La contestación no tardé en recibirla, pero llegó un punto interrogativo ¿quién pagará los gastos de dicha construcción? A esta pregunta contesté enseguida diciendo: "Todos los gastos correrán por cuenta mía, con donaciones de personas bienhechoras". Sin otra dificultad fue concedida la aprobación. Apenas llegada ésta, a mis manos, llamé al Sr. ingeniero y le dije: "en tres meses me tiene Ud. que entregar la obra". Algunas dificultades encontramos de parte del ingeniero del municipio, mas como el Sr. Alcalde es amigo mío, me las allanó todas».

CARTA DEL SR. D.ENRIQUE G. DE AMEZUA, JEFE DE LA OBRA PÍA

«Madrid 1° de febrero de 1933

Rdo. P. Fr. Francisco Roque Martínez

Procurador General de la Tierra Santa.

Mi muy respetado Padre Procurador: Tengo el sentimiento de participar a V. R. que en la fecha de hoy he dejado de desempeñar el cargo que desde hace año y medio ha venido a mi encomendado de Jefe de la Sección de la "Obra Pía de Jerusalén".

V. R. conoce seguramente, ya que no he dejado un momento de estar en frecuente relación con los PP. de esta residencia, especialmente con el P. Juan Legísima, los motivos y causas que han producido esta determinación y por ello, estimo omitir todo detalle.

Al cesar en mi actuación al frente de una institución, cuyo historial y gloria netamente hispana, muy íntimamente ha sentido, en medio de todas las dificultades con que he tropezado en mi labor, he creído deber dirigirle estas líneas, no solo de profundo agradecimiento por la actitud que Uds. han tenido hacía mí, sino también de ánimos y alientos, que sé no faltan a V. R. y al personal español a sus órdenes, para la continuación aun dentro de los obstáculos que puedan surgir, de algo que para la España católica es más que una tradición.

Yo creo que el momento actual no es más que un paréntesis y salvado como está el Patronato, cuya verdadera realidad es imposible de tergiversar a dar otra directiva, la vuelta a una normalidad ha de imponerse dentro de más o menos tiempo.

Por el momento sigo prestando mis servicios en el Ministerio y sabe lo mucho que me honrará siempre que V.R. lo crea conveniente, en poder serle útil.

Reciba un respetuoso saludo de suyo siempre affmo. amigo

B. G. de Amezua»

Comunicación oficial al Ministerio de Estado

«Después de haber leído esta bella carta del amigo, me confirmé más y más en el juicio que me habla formado de la nueva República, esto es, que empeoraría de día en día, envenenando la vida de la nación con sus pestíferas doctrinas y sistema de gobierno exótico. Por estas razones consideré urgente el llevar a término la obra de la Escuela Nacional, para parar el golpe, al menos provisoriamente, ante el Gobierno de Madrid del Frente Popular en la Cámara y de la junta seglar de la "Obra Pía" en el Ministerio de Estado. Y con este propósito escribí la siguiente carta:

Jerusalén 6 de Marzo de 1933.

Excmo. SR. Ministro de Estado. Madrid

Excelentísimo Señor: Tengo el honor de comunicar a V.E. que la "Escuela Nacional" cuyo proyecto fue presentado a ese Ministerio el año pasado, al objeto de obtener la autorización competente para su edificación, se halla hoy completamente terminada y dotada de abundante material escolástico para su inmediata apertura y normal funcionamiento.

Consta esta escuela de un hermoso salón de 16 metros de largo por 7 metros de ancho; y lleva anejas dos dependencias o salitas, destinadas una a biblioteca y sala de música, y la otra a dispensario de la Cruz Roja Española.

Ha sido construida con la autorización de ese Ministerio, de la digna dirección de V. E., sobre un trozo de terreno que formaba el jardín de la "Casa de España" en Jerusalén, siendo este el primer edificio que después de tantos siglos existe en Palestina con carácter exclusivamente español. El coste se ha elevado a unas 30.000 pesetas, donativo de bienhechores españoles, cuyos nombres no puedo revelar, puesto que insistentemente han exigido la condición de permanecer en absoluto anónimo.

Esta escuela, continuación de la ya existente, está bajo la dirección de las religiosas "Hijas del Calvario", institución fundada en Méjico, con la cooperación de gran parte de religiosas españolas, que se ocupan en la propaganda de la vida cultural española en esta ciudad, con el apoyo de los religiosos y autoridades españolas de Jerusalén.

Se halla enclavada en el centro de la antigua ciudad, en el barrio más pobre de cristianos y musulmanes. A las clases asisten un centenar de niños y niñas de religión cristiana y musulmana; en el dispensario anejo son asistidos todos los del barrio que solicitan sus servicios.

El Sr. Cónsul de España, D. Francisco de Ranero, que ha visitado la obra ha quedado entusiasmado, pero ha querido dejar la inauguración oficial a su sucesor en el cargo en esta ciudad, cuya llegada se espera de un día a otro.

De este modo hemos comenzado a poner en ejecución y dar cumplimiento a los deseos manifestados por el Patronato de la "Obra Pía" radicada en ese Ministerio.

Saludando atentamente a V.E.se reitera s.s.

Fr. Francisco R. Martínez

Proc. Gral. de Tierra Santa».

Contestación del Subsecretario de Estado sobre la inaguración de la Escuela Nacional de España en Jerusalén.

«Madrid 10 de Abril de 1933.

Rdo. P. Fr. Francisco R. Martínez.

Procurador Gral. de Tierra Santa-Jerusalén.

Tengo mucho gusto en acusar a Ud. recibo de la comunicación de fecha 7 de Marzo, último con la cual ha tenido a bien dar cuenta a este Ministerio de haber terminado las obras de la nueva escuela española, en la que se ha instalado además un dispensario de la Cruz Roja y de que ha sido dotada del material escolar necesario para su inmediata apertura.

Este Ministerio se complace en manifestar a esa Procuración General su satisfacción por el feliz término de estas obras y que pronto serán puestos en marcha para poder organizar su funcionamiento escolar y oportunamente cuando llegue el nuevo titular del consulado se procederá a la organización de las mismas.

Lo que de orden del Señor Ministro de Estado pongo en su conocimiento para su satisfacción.

El Subsecretario

E. Gómez Ocerin»

Entre tanto, desde Jerusalén en los años siguientes se trabaja con el Gobierno español para obtener una ayuda económica más sólida. Finalmente, en 1940 España concedió una pequeña subvención para el salario de varias maestras auxiliares de los primeros años elementares[15]. Se enseña en árabe como lengua materna; en inglés, que es la lengua oficial que rige el Gobierno; en español para propagar también por Oriente la lengua a todos los emigrados de Palestina, muchos de los cuales han nacido en alguna de las repúblicas de hispanoamérica. Además, al centro médico se le concede la compra de una ambulancia. Aquí reciben asistencia gratuita innumerables accidentados. En 1942 las Misioneras Hijas del Calvario se agregan a la tercera orden franciscana.

5. Dispensario médico

---

[15] Hay que tener presente que la docencia en aquel momento se impartía en árabe (la lengua madre de los palestinos), inglés (por ser Protectorado Británico) y español. A partir del 1948, con la creación del Estado de Israel se suma la enseñanza en hebreo. Es el sistema que sigue hasta la actualidad.

En febrero de 1947 el franciscano Sabino Muñiz escribe en la Revista Tierra Santa una hermosa reseña sobre las bodas de plata de las Misioneras Hijas del Calvario, un año anterior al colegio hierosolimitano. Se celebran el 18 de febrero de 1947 en la bella capilla del colegio, que se adorna un hermoso altar con flores. El coro de cantoras interpretó hermosas melodías. La misa la ofició el Procurador José Montero, asistido por M. Ribera y L. Monje. El sermón estuvo a cargo del franciscano Francisco Iglesias, que aludió a la labor de la fundadora y al cónsul español que puso a disposición la propia casa en 1923. Estuvieron presentes la representación oficial de España, el padre jesuita Andrés Fernández y religiosos benedictinos, dominicos, jesuitas y pasionistas españoles.

6. Niñas en el patio del colegio

Tras la función religiosa se obsequió a los asistentes con un ágape y se dio gracias a la Virgen del Pilar:

«Nos parecía un rinconcito de la amada patria que allí lejos… muy lejos recogía nuestros suspiros, nuestros votos de prosperidad, de bienestar y de paz.

Bendita y alabada sea la hora en que la Virgen vino en carne mortal a Zaragoza, y también bendita sea la hora en que Tú, Virgen Santa del Pilar, inspiraste a la Madre Larraizar fundar esta casa de Jerusalén, pues en ella comenzó a conocer nuestra devoción al Pilar y también nuestra cultura entre las clases humildes, con óptimas esperanzas de que el futuro sea más glorioso de ubérrimos frutos».

7. Hijas del Calvario con las niñas

Todos los años el 12 de octubre se celebra la festividad de la Virgen del Pilar. En 1928 llega una carta a la revista El Pilar editada en Zaragoza del superior del Convento de San Juan de Acre, que es toda una crónica sobre los festejos y el colegio. Escribe:

«La ciudad santa de Jerusalén está edificada en cinco colinas que son: el monte Moria, sobre el cual en otro tiempo estaba y dominaba con majestad real el templo del Señor. El monte Sión, donde está la ciudad de David. El monte Acre, el Beceta y el Gareb, de cual es como un primer escalón el santo monte Calvario. Hoy sobre todas estas colinas no se ven los palacios que en otro tiempo se contemplaban sobre el monte Olivete, si no lo que se ve son edificados templos cristianos dentro de los cuales se venera el verdadero Dios y donde constantemente resuena bajo sus bóvedas himnos de la liturgia cristiana, cánticos a Jesús y María, entonados por religiosos y religiosas que, consagrados a Dios, le alaban constantemente. Sobre el monte Gareb y muy cerca del Calvario, existe una modesta capilla dedicada a la Virgen española Nuestra Señora del Pilar, cuyas guardianas y camareras son las Religiosas Hijas del Calvario, las cuales velan día y noche al pie del altar, cantando las glorias a María. Todos los años, el día 12 de octubre, festividad de la Santísima Virgen del Pilar, patrona de España, se celebran cultos en su honor los cuales son: durante nueve días antes se celebra el novenario de la exposición de Su Divina Majestad; el día de la fiesta, función solemne. En este año la capilla estaba hermosamente adornada y rebosando de flores, destacando la estatua de la Virgen entre nubes y ángeles en actitud de transportarla a España. A su pie está Santiago Apóstol. A las cinco de la mañana, se dijo la misa de comunión para las religiosas, que celebró F. Jaime Llull, franciscano, a las siete, misa, también comunión general, para los fieles que celebró el franciscano Justo Gaztelu, Discreto de España en Tierra Santa. A las ocho, la misa solemne que cantó Antonio Aracil, Procurador General de Tierra Santa. La capilla de música y los cantos estuvieron a cargo de las religiosas del Calvario. A las cinco y media de la tardes se expuso a S. D. M., cantándose el himno a la Santísima Virgen del Pilar, que cantaron los niños de la escuela y motetes al Santísimo Sacramento, terminándose todo con la bendición y reserva del mismo. A los cultos de la mañana y los de la tarde, asistió el cónsul con la colonia de religiosos españoles que están en Jerusalén y Belén, esto es, los franciscanos, dominicos, benedictinos y jesuitas, los cuales quedaron muy complacidos de tan solemnes cultos a la Virgen española, la Santa Virgen del Pilar, que se celebran en Jerusalén en el convento de las religiosas del Calvario en la ciudad santa, donde está establecido el dispensario de la Cruz Roja Española, con las escuelas para niños párvulos, a los cuales se les enseña, entre otras lenguas, la española. Este año, en los exámenes de fin de curso obtuvieron las mejores notas, y por tanto los mejores premios, veinte niños, a los cuales se le regaló un vestido a cada uno, regalo de bienhechores de Barcelona, por cuya razón damos las gracias a tan benéficas personas por el bien que nos proporcionan con sus limosnas. Todos los religiosos españoles deseamos ver un hermoso templo donde se dé culto más solemne a la Virgen del Pilar, y por tanto, las personas piadosas que deseen contribuir con su óbolo, puedan mandarlo al Procurador de España en Tierra Santa, Jerusalén (Palestina) o a los padres franciscanos de cualquier convento de España, con encargo de que lo mandes a Jerusalén».

1.1. Allí Zaragoza y el Pilar- Aquí Jerusalén y el Pilar

El 18 de febrero de 1947 se celebró con solemnidad la fiesta del vigésimo quinto aniversario de las Misioneras Hijas del Calvario en Jerusalén (1922-1947). Se preparó una celebración eucarística en la iglesia con un hermoso altar y el coro de las niñas, presidida por el Procurador General de Tierra Santa, José Montero, asistido por M. Ribera y L. Monje. Después de las plegarias obsequiaron a los presentes con un ágape.

El franciscano destinado en Jerusalén, Sabino Muñiz, describe numerosos elogios a la Virgen del Pilar, con motivo de sus bodas de plata en 1947 y que resume el espíritu que unió la fundación del colegio para España, Hispanoamérica y Jerusalén:[16]

> «Van pasando los años. Iberia no es ya la provincia menos romana de Roma. Cae el sol de una edad en el abismo de la tarde, y sobre las aguas misteriosas del Ebro, servida de los vientos y escoltada de los ángeles brilló la Virgen María con el florecer risueño de su persona humana en la orilla estática, y holló con planta tierra española, y abriendo sus labios. Acaso en la lengua ibérica, ordenó a Santiago levantarse el primer santuario mariano sobre aquel fundamento marmóreo del Pilar… Nuestra Patria, nuestro ser que van consustancialmente unido a nuestra religión, proceden de aquel Pilar Santo. De aquella Virgen Bendita, el más grande de cuantos enriquecen nuestra Patria…Por eso, Zaragoza es España y España es la Virgen del Pilar… la imagen de la Virgen del Pilar que pisó un día muy lejano tierra española…Pero la Virgen del Pilar es también la Virgen americana, porque también en América es amada como estrella que fue del descubrimiento de aquellas tierras vírgenes como Ella. Porque entre el descubrimiento de América y la Virgen del Pilar, la Virgen de la Raza…hay un trenzado de devoción, de impulso, de generosidad y de entusiasmo…
>
> También Jerusalén, ciudad bendita entre todas las de la tierra, patria de María Santísima…Sobre estas piedras milenarias, regadas con el sudor y bañadas con la Sangre del Hijo y de la Madre, llegaron esos ecos de amor maternal, y sobre las vertientes que conducen al Calvario la piedad de esa raza construyó un templo, bien que diminuto, pero hermoso en proporciones mínimas, a la Madre Santa del Pilar… ¡Veinticinco años de oración y cultura!»

---

[16] Informe escrito por fray Jaime Llul en Revista Tierra Santa 23 (1947), 21-30; 65-68; 98-99.

Muñiz, como un buen poeta, se expresa con sentimiento de devoción al final de la fiesta, dirigiendo una última mirada a la Virgen bendita del Pilar:

«Mis labios musitan esta oración:
Somos un pobre legado,
que Jesús ha confiado
a tu maternal amor:

Acoge ¡oh dulce Madre!
Los hijos que te adoptaron,
y en tu protección soñaron
para aquietar tu dolor…»

2. Cincuenta años de andadura hasta 1973

En 1948 la Revista Tierra Santa, editada por la orden franciscana, publica la noticia que durante el mandato del Cónsul de España, Gonzalo Diéguez Redondo, se inicia una escuela de adultos en Jerusalén porque ha creído conveniente abrir una academia de español con el fin de responder a la exigencia de la población árabe[17]. La enseñanza comenzó a mediados del mes de noviembre, en el local de las religiosas Misioneras Hijas del Calvario con tan solo dos discípulos; a la semana de funcionamiento son sesenta los árabes asistentes. La escuela permanece activa a la llegada de nuevo del Antonio de la Cierva, Conde de Ballobar durante su segundo mandato en Palestina.

En 1951 Jaime Llul, capellán del colegio, subraya la necesidad de ampliar y adecuar locales, así como aumentar las asignaciones para el profesorado. La escuela siguió funcionando, hasta que en 1954 el Gobierno de Jordania autorizó el establecimiento de la educación secundaria. A partir de este momento se cambió el nombre común, pasando de ser "Escuela Española" a ser "Colegio Español". El Ministerio de Instrucción Pública del Reino Hachemita exigió entonces la adecuación de los locales y el aumento del número de aulas. No obstante, el Colegio Español siguió funcionando con educación secundaria con solo cinco locales hasta el año escolar 1962-1963.

---

[17] Crónica de fray Manuel Román en la Revista Tierra Santa 48 (1972) 64-68.

8. Representantes en el patio del colegio en las bodas de oro

Ese mismo año las Misioneras Hijas del Calvario celebran las bodas de oro de su fundación por lo que tiene lugar algunas solemnidades: en la capilla se celebró un triduo de preparación, el sacramento de comunión de los niños y una función solemne. Las tres misas fueron oficiadas por autoridades locales; el primer día por Pedro Larrucea, Discreto de la Custodia de Tierra Santa; el segundo por Nazareno-Jacopozzi, Custodio de Tierra Santa; y el tercero por Francisco Felinger, Obispo Auxiliar de Jerusalén, en representación del patriarca de la ciudad. El domingo 20 de enero hubo una misa en la Iglesia de San Salvador y a la tarde un ágape en la que además de los niños del colegio y las religiosas, acudieron los peregrinos españoles de la denominada "tercera cruzada a Jerusalén". Por la tarde las monjas invitaron a una fiesta en el salón de la escuela, convertido en salón de actos. Acudieron, además de los peregrinos, el Cónsul de España Antonio Gordi, y el Vicecónsul José A. Balenchana, además de los cónsules de Estados Unidos y Bélgica, el Procurador en Tierra Santa y, varios religiosos y religiosas españoles residentes en Jerusalén. Dos niñas recitaron un diálogo en español, que envolvía un cariñoso saludo al representante de España; luego siguieron con una preciosa variedad de diálogos y breves piezas literarias. A continuación, se procedió al reparto de premios, que consistía en un uniforme para las niñas mayores con mejor conducta escolar; zapatos para las más pobres y abrigos de lana para las más necesitadas, juguetes para los pequeñines y, finalmente, dulces y caramelos para todos.

Al cerrar la fiesta conmemorativa el Procurador dirigió unas palabras a los representantes españoles:

> «Excelentísimo Señor; El venir V. E. a este modesto asilo español para honrar con su presencia la celebración de un recuerdo imperdurable, cual es el que conmemoramos hoy 19 de Enero de 1935- quincuagésimo aniversario de la fundación del Instituto de las «HIJAS DEL CALVARIO»- es una atención tan delicada, que quedará siempre impreso en la memoria de estas buenas religiosas que con su abnegación y sacrificio poco común, secundan tan eficazmente nuestras aspiraciones de tener aquí en Jerusalén un hogar español, que propague nuestro idioma en estas tierras tan distantes de nuestra patria. Aquí las tiene V. E. en un pedazo de tierra española en el corazón de Jerusalén, bajo la enseña querida de la Madre Patria; al amparo de la Virgen del Pilar, y sacrificadas a la propaganda de la cultura e idioma español».

El 30 de abril de 1952, el Cónsul Antonio de la Cierva plantea al Ministerio de Asuntos Exteriores una nueva ampliación de la sede del colegio español, con la adquisición de algunos locales por valor de 4000 a 6000 libras esterlinas. Desea confiar las obras al capellán franciscano Jaime Llul que ha dirigido la construcción de algún convento, así como excavaciones arqueológicas. Adjunta planos por primera vez planteados en junio de 1951.

9. Dueto de teatro:
"La Jardinera y el confitero"

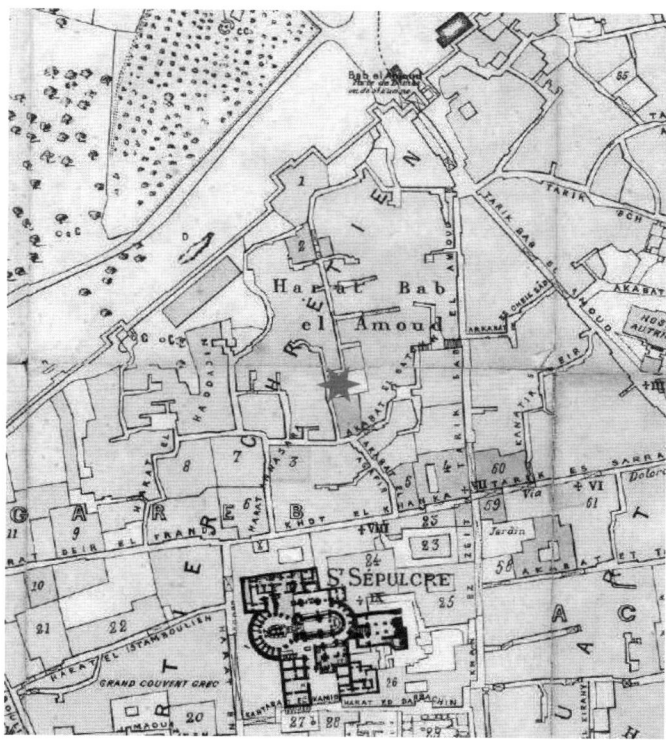

10. Colegio del Pilar de Jerusalén, próximo al Santo Sepulcro

En los años setenta cuenta con doce aulas y un salón de actos académico. Dispone de un equipo material de enseñanza bastante completo entre los que cabe enumerar el de física y química. Además el colegio tiene varias obras de apostolado y caridad, y otros trabajos. A las niñas de 7 a 15 años se les llama *cruzantinas*, las educan y hacen misión entre la gente. A los 15 años ingresan en la *Legión de María*, dedicándose al apostolado entre las familias; visitan los enfermos y ancianos en hospitales y asilos; buscan un acercamiento más profundo entre los diversos ritos cristianos y aún con otras religiones, sobre todo con los musulmanes. Todos los martes niñas y religiosas acompañan a la procesión del Santo Sepulcro, que diariamente celebran los franciscanos en memoria de la pasión de Cristo.

Las Misioneras Hijas del Calvario, además del colegio, en esta época, prosiguen con la atención sanitaria en el dispensario médico para asistencia gratuita de enfermos. También a su cargo corre la fabricación de hostias para todos los conventos y parroquias de Jerusalén o alrededores.

La Fundación Patronato Pro-Jerusalén, de la que luego nos ocuparemos, apoya con dávidas desde los años treinta. Tenía previsto la elevación de un gran templo y de la Casa de España junto al colegio en el año de 1940, fecha en el que se celebra el milenario de la venida de la Virgen del Pilar en carne mortal a Zaragoza. La guerra civil y la guerra mundial, tristemente truncaron el proyecto. Hubo posteriormente muchos tentativos fallidos, hasta que definitivamente se funda el Instituto Bíblico Arqueológico de Jerusalén- Casa de Santiago en 1955.

3. Un siglo de historia[18]

La liquidación de privilegios y derechos de España en Tierra Santa vino impuesta por la Santa Sede a partir del Concilio Vaticano II. Ante la necesidad de seguir ampliando las aulas educativas, la Custodia de Tierra Santa cedió y acondicionó dos casas que han sido usadas por el colegio hasta el día de hoy. Un hecho a destacar es la visita de los Reyes de España, Don Juan Carlos y Doña Sofía ese año en el mes de abril de 1994, que fueron acogidas por las alumnas del colegio, las religiosas y los profesores con gran júbilo.

Entre las religiosas destinadas en Jerusalén sobresale la actividad de la hermana Isabel Ondarra Quintana, de nombre religioso sor Helena de la Cruz, quien se encargó de la organización de los festejos a los reyes españoles, como la vemos en la foto conversando con Dª Sofía y entregándole un ramo de flores. Nació en Bacaicoa, Navarra, el 23 de marzo de 1930 y desempeñó una gran labor docente en Jerusalén desde 1977 a 1994 (antes en Zimbawe 1958-1977) tanto en la enseñanza de lengua y cultura española, lengua francesa, así como en la música, en especial flauta y piano. El 10 de abril de 1994 falleció en España tras una rápida enfermedad. Hubo una celebración en su memoria en la Basílica de San Salvador en

---

[18] Archivo Consular de España de Jerusalén, sección Obra Pía.

Jerusalén a la que acudió buena parte de la ciudad. Por su trayectoria, el 13 de abril del mismo año, el Cónsul Andrés Collado escribe al Ministerio de Asuntos Exteriores en Madrid una carta, solicitando que se le conceda una condecoración a sor Helena. Recibió el 24 de agosto de 1994 el grado de Oficial de Isabel la Católica, a título póstumo.

11. Visita de los Reyes de España, D. Juan Carlos y Dª Sofía

Durante el siglo que las Misioneras Hijas del Calvario han permanecido en Jerusalén las directoras del centro escolar han sido las siguiente: María Alta Gracia, Ignacia (Victorina) Rasines Zorrilla, Carmen (Dolores) Andreu Zafón, Nieves (Blanca) Aguirregabiria Larruscain, Irene (Araceli) García Agüero, Marta Gallo Marín y Hedwing Ntutu.[19]

---

[19] Las religiosas con nombre entre paréntesis es el correspondiente al nombre de pila, porque al entrar en comunidad se adquiría un nuevo nombre.

En de 1992 la Agencia Española de Cooperación Internacional (AECI), otrorgó al colegio una subvención cincuenta millones de pesetas para el equipamiento, que se desembolsaron en febrero de 1993 como complemento a otra ayuda de 700.000 Ecus asignada por la Comisión Europea para la construcción de un nuevo colegio. Por varias razones los fondos no estaban disponibles y los sueldos de los profesores tuvieron que cubrirse con apoyos del consulado y de la AECI.

Para la nueva remodelación se hace un estudio preliminar muy detallado sobre el estado de los edificios y un nuevo proyecto de adecuación. En noviembre de 1991 España, a través del Instituto de Cooperación con el Mundo Árabe, encarga esta tarea a los arquitectos españoles Manuel Martín-Rabadón Caballero y Celia Vinuesa Cerrato, y a la empresa Junta de Construcciones M.E.C. El proyecto con planos se completa con el estudio arquitectónico de Jerusalén, Bugod-Figueiredo, con dirección en la calle Rambla 61 de Jerusalén. Los planos de la remodelación definitivos los diseña la arquitecta israelita, Eunice Figueiredo, siguiendo las directrices del Gobierno de Israel. En Jerusalén consta también otro informe del arquitecto zaragozano Ángel Peropadre Muniesa perteneciente al año 1997.

Definitivamente, el presupuesto fue autorizado en el 2001. Entre el 2002 y 2004 con fondos de la AECI y de la Comunidad Europea, se planifican las siguientes mejoras: La remodelación de los sótanos para aulas con un laboratorio de ordenadores y una biblioteca, las doce aulas escolares, la modernización y saneamiento de las instalaciones higiénicas, la edificación de un nuevo bloque, la reedificación de la escalera principal, la rehabilitación del muro externo, así como la nueva calefacción central e instalación eléctrica. Se compra mobiliario y libros. En la reestructuración se incluyó la residencia de las religiosas y el templo. Se hizo en tres fases con un importe de 200.000 €.[20]

---

[20] Los datos de los proyectos de rehabilitación se encuentran en varios cuadernos y dosier pertenecientes al Archivo Consular de Jerusalén, en la sección destinada a las obras del Colegio del Pilar.

12. Aula del colegio

Entre el 2002 y 2006 el colegio cuenta con una media de 300 alumnas palestinas, cristianas y musulmanas, así como 22 profesoras desde preescolar al acceso a la Universidad. El centro educativo sigue el programa de Ministerio de Educación Palestino. Todas son niñas de familias pobres. Estudian en cuatro lenguas, hebreo, árabe, inglés y francés.

El colegio desde fecha del 11 de abril de 1960 consta en el registro de Jerusalén como propiedad del Ministerio de Asuntos Exteriores Español. En 1993, con el fin de regular la vigencia de algunas fundaciones desde el Ministerio de Asuntos Sociales, se traslada a las Misioneras Hijas del Calvario las escrituras de la Fundación Patronato Pro-Jerusalén. Con fecha del 23 de mayo, María del Carmen Guerricagoitia, superiora de las religiosas, le da cuentas en una carta al Cónsul Andrés Collado, de que desconocían los datos de dicha institución. Expone que sólo tenían noticia por transmisión oral, de que la Virgen del Pilar fue traída en una peregrinación en 1924. Ambos temas son tratados en dos apartados más adelante.

En el estudio de Patrocinio García Barriuso señala que la Obra Pía es propietaria en Jerusalén de un inmueble que sirve como colegio regentado por las Misioneras Hijas del Calvario, desde el año de 1922. Los mencionados bienes tienen el correspondiente título de propiedad, registrados a nombre de la Obra Pía. En el capítulo custodial de 1977, cuando el Vaticano pedía la abolición de los privilegios que gozaban algunas naciones, principalmente España, en relación con determinados cargos de régimen de la Custodia, sugirió la conveniencia de concretar un acuerdo con la Santa Sede con miras a resolver de una vez para siempre los pleitos, que desde muchos años atrás, se habían suscitado acerca de la propiedad de los bienes, cuya prueba era necesaria para proyectar tal derecho en los correspondientes registros.

Con este objeto, en el acuerdo y anexo que fue firmado el 10 de abril de 1978, tras ser aprobado por el Consejo de Ministros, entró en vigor por el canje de notas el 17 de abril de 1980. Se determina que:

> «…inmediatamente de formalizado el Acuerdo se procederá por los representantes de la Custodia contra la Obra Pía de los Santos Lugares a formalizar las inscripciones registrales a nombre de la Obra Pía que procedan en virtud de los convenido entre el Gobierno de España y la Santa Sede».

Por ser incuestionable dicha propiedad, no se menciona en el acuerdo varías propiedades como el Colegio de la Virgen del Pilar en Jerusalén, ocupado por las Misioneras Hijas del Calvario desde el año 1922, en Jerusalén[21].

Según la ley aprobada el 3 de junio de 1940 la Obra Pía de los Santos Lugares es una Institución autónoma con personalidad jurídica y patrimonio propios. En sus consecuencias tendrá capacidad plena para administrar, poseer, adquirir, gravar y enajenar bienes, contratar préstamos y acudir a la vía judicial[22]. En el Ministerio de Asuntos Exteriores se publica la rendición de cuentas de los años 2007-2008 referentes a la Obra Pía de los Santos Lugares[23]. En el apartado de propiedades de Jerusalén figura la tasación del edificio con el nombre de Casa Ciudad Vieja Jerusalén (PGCP 221000006) por 3.037.205,77 € con una subvención a las Misioneras Hijas del Calvario para concesión de becas de estudios a 6 niñas del Colegio del Pilar por importe de 6000 €. Consta, además, que esta propiedad sigue la

---

[21] GARCÍA BARRIUSO, *España en la Historia de Tierra Santa,* Ministerio de Asuntos Exteriores-Gobierno de España, Vol. I, Madrid 1992, párrafos XIV, XV, XVI y XVII.

[22] Esta ley queda publicada en el Boletín Oficial del Estado el 24 de junio de 1940. Para las disposiciones del Estado sobre la Obra Pía de los Santos Lugares conf. Biblioteca Aranzadi (22356) 624 y ss.

[23] Boletín Oficial del Estado 38 (12 de febrero de 2010) 1282 -1284.

ley de la Obra Pía del 3 de junio de 1940. Además se publica: "La Casa está en la Ciudad Vieja de Jerusalén. La propiedad está cedida a la congregación Hijas del Calvario, que regentan desde 1922, el Colegio de la Virgen del Pilar". En la rendición de cuentas del Ministerio de Asuntos Exteriores en relación a la Obra Pía se presenta como un patrimonio entregado en cesión, la Casa Vieja de Jerusalén con una valoración de 2.429.764,82 € y una construcción de 607.441,15 €.[24] La última publicación oficial del 2016 respecto a la Obra Pía de los Santos Lugares es genérica.[25]

13. Fiesta del final de curso del año 2008 con el Cónsul de España

En el Colegio Español cada año en la fecha del 12 de octubre, fiesta de la Hispanidad, cuya patrona es la Virgen del Pilar, se sigue celebrando solemnemente con la participación de las religiosas, las alumnas y el cuerpo diplomático español, como antaño. En el edificio hoy en día ondea la bandera española. La enseñanza se imparte en español, inglés, árabe y hebreo. Estudian 250 niñas de familias humildes cristianas y musulmanas y cuenta con la docencia de 23 profesores.

---

24 Boletín Oficial del Estado 307 (24 de diciembre de 2015) 122031-122032.
25 Boletín Oficial del Estado 278 (16 de noviembre de 2017)110423-110424.

Después de un siglo de la fundación del "Colegio Español" impulsada por el navarro Pablo Jaurrieta, siendo sus hijas las primeras alumnas-Dolores, Santita y Silvia-, miles de estudiantes han pasado por el centro. La escuela es también un lugar de encuentro para las familias de muchachas cristianas y musulmanas. Los profesores intentan fomentar las buenas relaciones y la paz, en un clima de respeto mutuo. La Virgen del Pilar preside la capilla y el patio del colegio.

A finales del siglo XX y principios del siglo XXI se procede a las obras de los bajos del colegio para acondicionar nuevas aulas. Se ejecutan catas y excavaciones dirigidas por el École Biblique et Archéologique de Jerusalén, a las que luego referiremos. En el año 2019-2021 se renuevan los sanitarios del centro, sufragados por la Orden de Caballería del Santo Sepulcro de Jerusalén. Actualmente desde La Obra Pía del Ministerio de Asuntos Exteriores se procede a un apoyo necesario para el sustento escolar y becas a las niñas.

El centenario celebrado el 23 de enero de 2023 ha sido festejado de forma sencilla entre profesores, religiosas, amigos y familiares, ya que ha coincidido con la difícil situación de la pandemia del coranavirus.

Capítulo IV.
El Colegio del Pilar y las Peregrinaciones Hispanoamericanas[26]

Después de la Guerra Mundial, el Obispo de Vitoria, Zacarías Martínez Núñez, al corriente de esta iniciativa escolar en Jerusalén, propone que se edifique una capilla a la Virgen del Pilar y que el colegio lleve su nombre para extender la devoción mariana. Zacarías preside la Primera Peregrinación Hispanoamericana de 1924, con 143 viajeros. Los peregrinos, camino de Barcelona para embarcar, hacen un alto con el tren en Zaragoza ante la Basílica del Pilar, en donde el prelado recibe una imagen de la Virgen, regalada por las Damas de la Corte de Honor de la Virgen del Pilar. El obispo la lleva consigo para presidir la capilla de Jerusalén. La hermosa imagen fue bendecida por el mismo Zacarías en la angélica capilla zaragozana. Cuando los viajeros llegaron a Jerusalén, depositaron la imagen en la capilla de las Hermanas Reparadoras; acto seguido se hizo una procesión desde allí para entregarla a las Hermanas Misioneras Hijas del Calvario en cuya pobre morada el Obispo Zacarías improvisó una de las más bellas oraciones.

La noticia de este acto fue publicada en El Diario Alavés como un hecho sobresaliente[27]:

«La Virgen del Pilar en Jerusalén: También es cosa y cosa sustanciosísima de nuestro Señor Obispo. Recuerda cómo la peregrinación hispanoamericana del año pasado en Palestina fue presidida por la Virgen del Pilar, que la "Corte de Honor de Señoras de Zaragoza" regaló a este fin. Recuerda también cómo en Palestina se ofrecieron a no descansar hasta conseguir

---

[26] *Recuerdo de la Primera Peregrinación Hispano-Americana a Tierra Santa, Egipto y Roma,* Madrid 1924. *Recuerdo de la Segunda Peregrinación Hispano-Americana a Tierra Santa, Egipto y Roma,* Madrid 1925.

[27] El Heralado Alavés (31 de octubre de 1924) 1.

que la Virgen del Pilar tenga en Jerusalén una capilla donde ondee la bandera de España».

¡Qué menos-dice el Reverendo Padre Zacarías Martínez-pueda hacer España, allí donde tiene derechos y debe ejercer influencia!

«En conformidad con ello, desea que el producto de la recaudación de la visita domiciliaria de la Virgen del Pilar (allí donde esté establecida) desde ahora hasta el 12 de octubre de 1925 se destine a este fin. Suplica, asimismo, a las Asociaciones, Cofradías, que viven al amparo de este hermoso título, como "Corte de Honor", "Caballeros del Pilar" y otros, contribuyan con alguna cantidad para la futura capilla.

En la Secretaría de Cámara, queda abierta la suscripción para la futura capilla que España dedicará en Jerusalén a la Virgen del Pilar; "donde perpetuaremos-termina diciendo el reverendísimo Fray Zacarías Martínez- en plancha de oro su visita a nuestra patria y donde a diario lucirá nuestra bandera"».

14. Fray Gabino Martín, el Obispo Zacarías Martínez
Núñez y el Cónsul Jaurrieta con los peregrinos

Los peregrinos dejaron donativos en Tierra Santa para el colegio y la iglesia; Don Zacarías envió cartas desde la diócesis de Vitoria para que los fieles entregaran dávidas a tal fin. A la vez, el Obispo de Pamplona, Mateo

Múgica, gran amigo de Zacarías, anima a los navarros a hacer donaciones, para ayudar en la fundación del colegio hierosolimitano. Cuando los viajeros llegan a Roma, Zacarías lee un discurso (ya expuesto anteriormente) ante el Papa Pío XI, ensalzando a la Virgen del Pilar como patrona de España y de todas las repúblicas de América. En este viaje les acompaña el secretario particular del Rey, Emilio María González Arnao, Marqués de Torres de Mendoza.

En 1927, se publica también una noticia sobre este viaje en la revista El Pilar:

> «En el mes de mayo de 1924, un inmenso grupo de peregrinos hispanoamericanos, presididos por el Exmo. Sr. Fr. Zacarías Martínez Núñez, Obispo de Vitoria, llevó a Jerusalén a bordo del Cordillère una hermosa estatua de la Virgen del Pilar, como para devolver a María Santísima la visita que desde Jerusalén hizo a España veinte siglos antes. Allí ante la sagrada imagen celebraron los peregrinos solemnísimos cultos en la iglesia de las reparadoras, y acompañándola procesionalmente hasta la residencia de las "Hijas del Calvario" se ofrecieron todos a no descansar hasta conseguir que la Virgen del Pilar, tenga allí una capilla, un templo, sobre la que ondee la bandera española. A nadie debe extrañar esta devota promesa en los peregrinos hispanoamericanos, pues siendo Jerusalén la ciudad donde se obró la Redención de todas las tribus y naciones, los católicos del universo entero tienen derecho a ella y en su recinto deben resonar en todas las lenguas las alabanzas del Redentor».

La Segunda Peregrinación Hispanoamericana de 1925 fue presidida por el Cardenal Primado de las Españas y Arzobispo de Toledo, Enrique Reig Casanova, a la que acuden 202 viajeros. Zacarías, desde Vitoria, manda cartas de ánimo a los fieles para participar de la peregrinación, así como a entregar sus limosnas para el templo que se ha de levantar en Jerusalén.

El grupo se reúne en la Basílica del Pilar de Zaragoza, donde reciben la piedra marmórea que se colocará en la iglesia hierosolimitana. Cuando llegan a la ciudad santa, el cardenal coloca en un acto solemne la primera piedra de la capilla del Pilar. Se trata de dos losas de mármol blanco de 50 cm de largo y 25 cm de ancho. Los peregrinos serán los grandes benefactores de esta obra.

15. Primera piedra de la iglesia colocada en 1925

En Jerusalén el discurso de colocación de la primera piedra corre a cargo de Monseñor Leal de Zamora que expresa así su sentir:[28]

«…Los pueblos de cabeza épica son artistas; aprecian las características de sus hechos y plasman en piedra el alma de los siglos. Y porque el pueblo español tiene su epopeya inspirada en la Virgen del Pilar, poema de infinita delicadeza y de opulenta historia, que reconoce su origen en Jerusalén, debe levantar aquí el templo que resuma la profundidad de estos pensamientos, en el que cada piedra revele el misterio que guarda y proclame nuestra fe dominadora y la devoción a la Virgen, Señora del alma del pueblo español…»

En 1925 en la diócesis de Vitoria se abren dos suscripciones para conceder donativos para las obras de la capilla del Pilar en Jerusalén. En la primera se consigue 17.748, 70 pesetas y en la segunda 12.428, 70 pesetas. Así se publica el testimonio de un fiel zaragozano en la revista El Peregrino y el Turista en 1925:

---

[28] *Recuerdo de la Segunda Peregrinación Hispano Americana,* Palabras de Monseñor Leal en el discurso pronunciado en Jerusalén con motivo de la bendición de la primera piedra del templo del Pilar.

«Muy señor mío: Adjunto envío a usted cinco pesetas en sellos, con destino a la iglesia española de Nuestra Señora del Pilar, en Jerusalén. Yo soy pobre; pero, aunque con mayor modestia, gustosamente me adhiero a la obra y con el más vivo deseo de que sea alcanzado tan hermoso fin».

En los años siguientes se continúa dando donativos para este centro.

16. Patio del colegio de Nuestra Señora del Pilar en Jerusalén

En la Tercera Peregrinación Hispanoamericana, los peregrinos de las llamadas "Cruzadas a Tierra Santa y Roma" llamaron a este lugar *"Un rinconcito de España en Jerusalén"*. Tras la visita del Santo Sepulcro, los feligreses se dirigían a la Capilla de la Virgen del Pilar, que según la documentación, se edificó en pocos meses; la propia procesión la presidía un estandarte de la Virgen del Pilar. La fiesta fue organizada por el Canónigo de Vitoria, Carlos Lorea. En la iglesia levantada en menos de dos años, se expuso el Santísimo Sacramento, se rezó el rosario y predicó el Canónigo de Zaragoza (1899-1946), Santiago Guallar[29]:

---

[29] REQUEJO SAN ROMÁN, *Tierra Santa y Roma*, Madrid 1927, 86-87.

«¡Qué emoción se siente en esta diminuta iglesia consagrada a la Virgen del Pilar:...pero en nuestra patria la visitó en carne mortal *non fecit taliter omni nationi.* Por eso el Pilar de Zaragoza es la piedra angular donde está cimentada la grandeza de España. Orgullo, pues, de los españoles que tenga aquí un altar y lo tenga en todos los pueblos. Ya lo dice la copla: "Es la Virgen del Pilar la que más altares tiene…" ¿cómo no había de tenerlo en Jerusalén, si aquí alentó a los Apóstoles para que propaguen la fe, esa misma fe que Santiago predicó en España?...»

El Procurador, fray Gabino Martín Montoro los acogió en la pequeña iglesia, dirigió la oración e impartió la bendición a los peregrinos con el Santísimo. El acto concluyó entonando el Himno de la Virgen del Pilar y gritando vivas a María y a España. Las religiosas les ofrecieron un ágape con limonada y pastas. Los grupos donaban una colecta para la labor educativa y religiosa del centro.

17. Entrada del Colegio

Capítulo V.

Devoción a la Virgen del Pilar en el umbral del segundo milenio: la imagen y la iglesia de Jerusalén

La Virgen del Pilar ocupa el primer lugar entre las variadas advocaciones marianas españolas; sus reyes le han presentado siempre una gran devoción. Tradicionalmente se le considera su gran devoción desde la unión de España bajo el cetro de los Reyes Isabel y Fernando. El soberano aragonés fue un gran devoto[30]. Acompañó a los primeros colonizadores en tierras americanas y su devoción se propagó por toda América y Filipinas.[31]

En 1905 el Papa Pío X ensalza el culto a la Virgen del Pilar relacionado con el dogma de la Inmaculada Concepción. En ese año bendice las coronas de la Virgen y el Niño en una peregrinación solemne encabezada por el Arzobispo de la capital aragonesa, Juan Soldevila. La bendición de las coronas de la Virgen y el Niño se realizó el 29 de abril en la Capilla Sixtina

---

[30] En 1492 en Barcelona, Fernando tuvo un atentado, en la que un demente le acuchilló. El monarca imploró auxilio a la Virgen del Pilar y se salvó. Cuenta la tradición que el cuchillo resbaló en el collar de oro del rey y lo partió. El collar fue enviado a Zaragoza para adornar el vestido de la imagen de María.

[31] Sobre la fundación del Colegio Español de la Virgen del Pilar en Jerusalén, se habla varias veces de la visita que la Virgen María hizo a Zaragoza en carne mortal, visita que ahora se le devolvía con dicha fundación. Así se expresaban en aquellos momentos los obispos y predicadores en sus sermones y pláticas. Actualmente esta cuestión la crítica histórica entiende que la leyenda pilarista, que se entremezcla con la jacobea, contiene muchas contradicciones, por ejemplo el culto a María mientras todavía estaba en vida, cuando dicho culto se extendió por la cristiandad fundamentalmente después del Concilio de Éfeso (431). Es habitual ver la imagen de la aparición a Santiago, que lucha contra los musulmanes, que aún no existían, pues la expansión del islam data del año 622. Estas tradiciones surgieron según algunas hipótesis, en el contexto del camino de Santiago y la Reconquista.

del Vaticano con la presencia del Cardenal Vives y Tutó, y Merry del Val, quienes se habían encargado de la organización del evento. El 20 de mayo Soldevila tuvo el honor de coronar a la Virgen y al Niño ante numerosos fieles en Zaragoza. Tres años más tarde el Santo Padre bendice las banderas de todos los países hispanoamericanos, que dan guardia a la Señora. El 1910 el prelado de Zaragoza, en unión de los obispos sufragáneos de la provincia de Aragón, obtuvieron del Papa Pío X la misa propia de la Virgen del Pilar *Tenemos por guía una Columna*. En 1918 Alfonso XIII, declara el 12 de octubre, "Fiesta de la Raza", siendo festividad nacional. Son numerosas las ocasiones que el monarca acude al santuario aragonés para visitar el templo del Pilar.[32]

La devoción de la casa real[33], prelados y fieles españoles a la Virgen

---

[32] CARCELLER DE LA SAGRADA FAMILIA, *La recolección agustiniana y la Virgen del Pilar,* Zaragoza 1954. DE BOLINAGA, *La Virgen del Pilar,* Madrid 1940. GUTIÉRREZ LASANTA, *Estampas Hispánicas de la Virgen del Pilar,* Zaragoza 1958; GUTIÉRREZ LASANTA, *Historia de la Virgen del Pilar,* 10 vols., Zaragoza 1971-1983.

[33] Es importante señalar la gran devoción que tuvo el Rey Alfonso XIII a la Virgen del Pilar, lo que favoreció su devoción en todo el reino español y fuera de sus fronteras. El Marqués de Quintanar, en su libro *La muerte de Alfonso XIII en España,* Madrid 1955, relata algunos datos que constatan esta devoción. Asistieron en el lecho de muerte en Roma, la navarra sor Teresa, Sierva de María y el jesuita Padre López, quien también atendió a su secretario y hombre de confianza, el Marqués de Torre de Mendoza, que falleció en Roma pocos días antes que el monarca. En las últimas horas le acompañaron su esposa e hijos, los vizcondes de Santa Clara de Avellido, los embajadores de España ante la Santa Sede, la condesa de Campoalegre y la vizcondesa de Rocamora, San Miguel de Castellar y Quiñones de León, la duquesa de la Victoria, el conde de Portoalegre, el encargado de negocios en el Quirinal, Sotomayor y Andrés Aybar Caro. Sor Teresa invita al rey a rezar tres Ave María, por lo que la religiosa entendió que debía invocar a la Virgen del Pilar exclamando entonces: "Virgen Santísima del Pilar, rogad por mí", y su majestad corrigió: "Virgen Santísima del Pilar, ruega por España y después por mí" (conf. p.34). Días después el rey mostró impaciencia por la llegada de ansiado manto de la Virgen, que en aquellas horas, por un azar novelesco de la vida, estaba en la habitación que compartíamos en Algher, Aybar y yo; y que no pudo recibir hasta el día siguiente jueves, lo que le hizo gran contento. Al padre López decía aquella tarde: "Me han traído el manto de la Virgen y ¿qué petición dirá que le he hecho? La de que decida de mí según convenga a España…" Aquella misma tarde por avión llegó de Zaragoza otro manto de la Virgen del Pilar, del que era portador Don Luis Horno Liria y el mayordomo de Su Majestad, el conde San Miguel de Castelar. (conf. pp. 40 y 41). Antes de morir con su confesor, el padre López, volvió entonces el

del Pilar hace que oportunamente sea colocada su imagen en tres grandes centros de peregrinaciones: Roma, Lourdes y Jerusalén[34]:

- ROMA. El Cardenal capuchino Vives y Tutó en 1916 con motivo de contribuir al homenaje póstumo a León XIII, se determinó erigir una capilla a la Virgen del Pilar contigua al templo de San Joaquín, levantado en Roma por el propio pontífice. En la construcción contribuyeron los reyes, grandes de España, senadores y diputados, así como limosnas recogidas en toda la nación, en especial la archidiócesis de Zaragoza, de la que se ocupó de la dávidas personalmente el cardenal. En la capilla se colocó una reproducción de la Virgen del Pilar de Zaragoza. Celebró la misa inaugural el Cardenal Merry del Val con la presencia de todo el Colegio Español, ya que Vives y Tutó había fallecido recientemente. Es de reseñar que la orden capuchina de la provincia de Aragón, posee como patrona provincial a la Virgen del Pilar, y así consta en los diferentes sellos del siglo XX.

18. Sellos de la provincia capuchina de Aragón 1910 y 1925

---

monarca la vista: "Señor, ¿quiere ver la hora?", le dijo el confesor; "No", respondió Su Majestad, "quiero ver el manto". Y es que uno de ellos lo tenía a sus pies en el lecho y el otro en una butaca próxima (Conf. pp. 41-42).

[34] GUTIÉRREZ LASANTA, *Nueva Apología Hispánica de la Virgen del Pilar Reina y Patrona de la Hispanidad,* Zaragoza 1957.

- LOURDES. El mismo Cardenal Soldevila presidió en el año 1920 una peregrinación aragonesa y española llegada a Lourdes para colocar la primera piedra del monumento a la Virgen del Pilar en la gran explanada de la basílica francesa. En el año siguiente llegaban a Lourdes 400 peregrinos aragoneses y españoles presididos por el canónigo zaragozano, Santiago Guallar, portadores de la imagen del Pilar, en nombre del señor arzobispo de Zaragoza.

- JERUSALÉN. El 23 de abril de 1924 el prelado de Vitoria bendice en la Santa Capilla de Zaragoza, la imagen de la Virgen del Pilar, que llevan los peregrinos a Jerusalén, para ser titular de un templo en aquella ciudad. El ilustre obispo ofició la misa pontifical, dirigió su inspirada palabra a los peregrinos y cantó glorias a la Virgen del Pilar y a España.

1. La escultura de la Virgen del Pilar de Jerusalén[35]

La imagen de la Virgen del Pilar es una venerada imagen de Santa María, titular de la basílica de Zaragoza, cuyo culto sitúa la tradición en los tiempos apostólicos. La imagen de Jerusalén es una hermosa copia de la figura original a la que se da culto en la capital aragonesa[36]. Fue donada a Jerusalén por las Damas de la Corte de Honor de la Virgen del Pilar de Zaragoza, cuya junta directiva era presidida por Dª Carmen San Gil, Condesa de Sobradiel de 1916 a 1942.

Escultóricamente obedece a un modelo de influencia septentrional europea, relacionado con talleres borgoñeses de la primera mitad del siglo XV. La Virgen se muestra erguida, con corona y manto, que le sirve de tocado y recoge por delante a modo de delantal con su mano derecha, para caer en pesados pliegues hasta los pies. Lleva el Niño pequeño, sentado sobre su brazo izquierdo, ligeramente ladeado, al que sostiene con su misma mano. El rostro de María es redondeado y de acusadas facciones, que

---

[35] RICÓN GARCIA, *Escultura del siglo XX en Zaragoza. De la Imagen devocional al monumento conmemorativo*: Instituto de Historia, CSIC, Madrid 2013, 13-79.

[36] Deseo agradecer al Dr. Wifredo Rincón por su amabilidad en las consultas realizadas en cuanto a la escultura aragonesa, así como la bibliografía que me aporta para la redacción de este apartado.

corresponde a una mujer joven en la plenitud de la belleza. Luce cabellos sueltos y ondulados sobre los hombros enmarcándole la cara, pues el manto le deja despejada la cabeza. Su vestido severo posee un corpiño abrochado con botones hasta el cuello y cintura ajustada con cinturón de hebilla, para caer en pliegues blandos y densos hasta el suelo. El Niño representa poca edad y su gesto es el de asirse a la mano de su Madre con la mano derecha, mientras sostiene una paloma con la mano izquierda.

19. Virgen del Pilar de Jerusalén

La Virgen del Pilar de Jerusalén es una talla de 40 cm de alta y 15 cm de ancha, que se apoya en una columna de 38 cm de alto y 22 cm de diámetro. La Virgen y el Niño portan una corona sobre la cabeza. Además, el conjunto posee el suplemento de la corona radial estrellada de orfebrería, ajustada al tamaño de la columna de 30 cm. La Virgen se apoya en una sencilla columna, que presenta un aspecto marmóreo; en el centro se encuentra la cruz de Santiago, evocando la aparición al apóstol que evangelizó España. Las coronas y la columna fueron también donadas por la Damas de la Corte de Honor.

La escultura es obra del artista Francisco de Borja[37]. Francisco de Borja Sanjuán trabaja como escultor a finales del siglo XIX y principios del siglo XX, fundamentalmente en Zaragoza, aunque es de origen valenciano. Se traslada a la capital aragonesa muy joven, en donde realiza la mayor parte de su obra escultórica. Borja nació en Valencia en 1875, se desconoce la fecha de fallecimiento.[38]

Desde 1898 lo encontramos en Zaragoza esculpiendo imágenes de carácter devocional para numerosos templos y asociaciones piadosas, siendo escultor oficial de la Hermandad de la Sangre de Cristo entre los años 1903 y 1917 y ocupándose de las restauraciones para los pasos procesionales, que en la mayor parte de los casos se limitaba al "adecentamiento" necesario, para que pudiera figurar en la procesión del "Santo Entierro". Trasladó varias veces su taller en Zaragoza, su última dirección fue en la plaza de la Justicia, esquina con la calle del Temple, donde lo mantendría abierto hasta el año 1926, fecha en que abandonó la capital aragonesa con destino a Valencia, ciudad en la que murió. Es en este taller en donde se realiza la hermosa talla conservada en la ciudad hierosolimitana.

Muchas de las esculturas que elabora en Aragón son destinadas a numerosos templos de la ciudad, y de otras localidades próximas, incluso Méjico. Su primera obra conocida es un Sagrado Corazón de 1898, y un segundo de un año posterior. Citamos otras tallas: San Prudencio, San

---

[37] Archivo de G.X. Vallejos, El Peregrino y el Turista 12 (1925), 1-2.
[38] RINCÓN GARCÍA, *Un siglo de escultura en Zaragoza (1808-1908)*, Zaragoza 1984, 178-181.

José, San Vicente de Paúl, y la Venida de la Virgen del Pilar a Zaragoza, que es el célebre "Paso Final" de la procesión del rosario de cristal; fue esculpido en madera policromada en 1902 y destacamos la similitud del Pilar con la cruz de Santiago, sostenida por un querubín con la columna en la que se apoya la talla de hierosolimitana. Además, elabora pasos para la Hermandad de la Sangre de Cristo como "la Coronación de Espinas", la restauración del paso "El Balcón de Pilatos", así como bajorrelieves para el retablo mayor de las dominicas de Bilbao.

En el Archivo Capitular Diocesano de Zaragoza, que conserva numerosos documentos y fondo de publicaciones antiguas, existen varios números de la revista El Pilar que relatan las celebraciones de la donación y bendición de la talla:

Revista del Pilar nº 2108 (19 de abril 1924), 242:

«Por la Virgen del Pilar

El día 21 del corriente, a las ocho de la mañana, hora oficial, el Rvdo. y Exmo. Sr. Obispo bendecirá en la Santa y Angélica Capilla, la Imagen de Nuestra Señora del Pilar, que ha de llevarse para una Iglesia de Jerusalén. Después celebrará el Santo Sacrificio de la Misa y distribuirá la Santa Comunión a los fieles.

Se ruega la asistencia de todas las Señoras de esta Corte de Honor y devotos todos de la Santísima Virgen del Pilar».

Revista del Pilar nº 2109 (26 de abril 1924), 258:

«Por la Virgen del Pilar

Zaragoza, por mediación de la Peregrinación Hispano-Americana, devuelve a la Santísima Virgen la visita que el año 40 de la Era Cristiana le hizo, cuando aún vivía en Jerusalén.

El lunes 21 actual tuvo lugar en la Santa y Angélica Capilla de Nuestra Señora del Pilar, la bendición solemne de la imagen que ha de ser llevada a Jerusalén por los peregrinos españoles, y entregada para el culto en la ciudad santa, a las Hijas del Calvario (monjas españolas) en cuya capilla recibirá a perpetuidad la adoración de todos los católicos del mundo que frecuentemente acuden a Tierra Santa.

Para dicho acto llegaron el domingo de Vitoria el Excmo. Sr. Obispo de Vitoria P. Zacarías Martínez Núñez y el presidente de la peregrinación M.I. Sr. D. Carlos Lorea, chantre de aquella Catedral, que fueron recibidos en la estación por el Exmo. Sr. Gobernador General Sanjurjo con su ayudante, la Junta directiva y asociadas a la Corte de Honor con su presidenta la Condesa de Sobradiel y su director el muy ilustre señor Provisor de la Archidiócesis, D. Vicente de la Fuente, el presidente de la Academia de Ciencia exactas fisicoquímicas y naturales y vicerrector Don Antonio de Gregorio Rocasolano, los catedráticos D. Juan Bastero y D. Pascual Galindo Romeo, y numerosos amigos del ilustre Prelado. A las ocho de la mañana del día 21 empezó la misa el Obispo de Vitoria...Terminada la misa el P. Zacarías Martínez Núñez procedió con arreglo al ritual, a la bendición de la preciosa imagen de la Virgen que se hallaba colocada junto al altar.

A continuación el director de la Corte de Honor M.I. Sr. D. Vicente de la Fuente, canónigo arcipreste, hizo en breves y elocuentes palabras, entrega de la imagen al Prelado y al presidente de la peregrinación, poniendo en relieve la complacencia de las señoras de la Corte de Honor en regalar la imagen que ha de quedar en aquella tierra santa de Jerusalén expuesta al culto».

Se pronunciaron breves discursos y el Obispo de Vitoria concluyó:

«... Allí bajo aquel cielo que la vio sonreír, sobre aquella tierra que la vio llorar y que recogió sus lágrimas y sus suspiros, tendrá un altar la Virgen Santísima del Pilar...Terminó con una fervorosa invocación a la Virgen, pidiéndole protección para la Corte de Honor, para Zaragoza y para España.

Durante el acto lució completa la iluminación eléctrica de la Santa Capilla».

La noticia termina exponiendo que se mandó un telegrama a S. M. la Reina, Presidenta Honoraria de la Corte de Honor, con la información del acto. El Rey Alfonso XIII, a su vez aplaudió la iniciativa. El prelado prometió a los presentes dar una charla informativa a su regreso de Tierra Santa sobre las impresiones del viaje.

Cuando la Virgen llegó a Jerusalén los peregrinos, mandaron a Zaragoza el siguiente telegrama que se publica en la revista El Pilar nº 2112 (17 de mayo 1924) 308-309:

«La Virgen ha llegado a Jerusalén:

El día 11 del actual, la Sra. Condesa de Sobradiel, Presidenta de la Corte de Honor, recibió de Jerusalén el siguiente telegrama:

"Religiosas Hijas del Calvario, dan gracias a la Corte de Honor por la Virgen del Pilar, que gustosísimas recibimos,-Procurador de Tierra Santa".

Ya sabemos, pues que la imagen que tan devotamente se depositó en Zaragoza, ha llegado a Jerusalén, y el sitio en el que recibirá culto.

Nuevamente felicitamos a la Corte de Honor por este hecho tan feliz».

Estas noticias fueron también publicadas por el Noticiero de Zaragoza, el 22 de abril de 1924. No aparece información de la donación de la imagen en los archivos de las Damas de Honor de Zaragoza, no obstante hemos de tener presente que con las guerras y los traslados, se ha podido perder documentación. Lo que sí se conserva es el acta de la Junta con fecha del 1 de abril de 1925 en la que se hace mención de la solicitud de ayuda a las Damas de Honor, para la construcción de una iglesia en Jerusalén.

20. Manto de la Virgen del Pilar de Jerusalén donado por la familia Mangado-Alonso

2. La arquitectura orientalizante de Víctor Eusa y la Iglesia del Pilar de Jerusalén

Víctor Eusa Rázquin[39] (Pamplona 1894-1990) fue la figura central de la arquitectura en Navarra durante la mayor parte del siglo pasado, que con toda probabilidad proyectó el templo de Jerusalén. Ocupó el cargo de arquitecto municipal de Pamplona y más tarde el de arquitecto de la Diputación Foral, dedicando su labor a la modernización de la ciudad, especialmente en la construcción del segundo ensanche tras el derribo de la antigua muralla.

Terminados sus estudios en Madrid en 1920 concentró su mayor actividad en Navarra. Posee una arquitectura expresionista basada en líneas rectas y quebradas, muy pronunciadas. En los materiales de construcción sobresale el ladrillo, el hormigón, así como ocasionalmente la madera. Expresa un gusto por las vidrieras, el color y la luz.

En 1922 emprendió un viaje personal con 27 años a Medio Oriente, siguiendo las rutas de las grandes peregrinaciones de Tierra Santa, Egipto y Roma que promovió José María Urquijo en las dos primeras décadas del siglo XX. En 1923 participó en el mes de abril en la peregrinación nacional a Tierra Santa que dirigió el Canónigo de Vitoria, Carlos Lorea[40]. Entre las personalidades que acuden ese año a Jerusalén en la documentación del archivo de la Custodia de Jerusalén se encuentra su nombre.

Estos viajes le permiten conocer Grecia, Turquía, Palestina, Malta, Rodas y el norte de Egipto fundamentalmente. En Jerusalén ejercía como Cónsul de España el navarro Pablo Jaurrieta. Pablo y Víctor eran buenos amigos y no podemos descartar la posibilidad que este viaje sea fruto de una invitación personal del cónsul. En Pamplona ambos formaron parte de la junta parroquial de San Agustín en períodos diversos, tal y como figuran en las actas de la iglesia, por lo que sus contactos personales fueron desde época temprana.[41]

---

[39] TABUENCA GONZÁLEZ, *La Arquitectura de Víctor Eusa,* 2 vols., Tesis Doctoral, Universidad Politécnica de Madrid, Madrid 2016; MANGADO ALONSO, *La Pamplona Oriental de Víctor Eusa*: Diario de Navarra (27 de febrero de 2019) 60-61.

[40] Carlos Lorea, figura clave en este tiempo en la relación de España con Tierra Santa se traslada en 1936 como canónigo a su ciudad natal, Pamplona. A él nos referimos más adelante.

[41] Libro de Actas de la Parroquia de San Agustín de Pamplona 1886-1940.

En 1922 se descubre la tumba de Tutankhamon y España, como el resto del mundo, queda fascinada por el enorme hallazgo. Eusa no fue ajeno al atractivo de este gran descubrimiento. Reproducimos las líneas publicadas por el estudioso de su arquitectura Don Fernando Tabuenca González, extraídas de sus notas ante la fascinación del Cairo[42]:

«El Oriente magnífico, maravilloso, el Oriente lleno de luz y armonía, el Oriente lleno de vida y misticismo, ha aparecido por fin ante mí, con toda su fuerza y esplendor en esta inolvidable tarde de Masr-el-Kâhira. Después de varios días de recorrer sus tormentosas calles, sus museos, sus bazares, sus mezquitas, después de haber caminado, aunque brevemente por el desierto, después de haber contemplado delante el Nilo en el ocaso del día, de haber admirado, cuando queda de remotos tiempos, después de los típicos y extraños espectáculos, que he tenido la suerte de presenciar, un poco ya en el ambiente de estas gentes, para los cuales el tiempo no tiene importancia, reposado como ellos, sin prisa ninguna, con todo mi espíritu dispuesto a la contemplación, he pasado por los rincones de la vieja ciudad, los más nuevos, los más bellos, que intencionadamente he dejado para última hora. Mi emoción ha sido tan intensa que han pasado ya algunas horas y mi ensueño continúa con tal fuerza que ha llegado a constituir una verdadera tortura. Mi pobre alma occidental se ha sentido empequeñecida ante tanta grandeza, ante tanta bondad, ante tanta riqueza».

Tras su regreso a la capital navarra inicia una de sus etapas más florecientes. Entonces, gobernaba la diócesis el Obispo Mateo Múgica Urrestarazu, que había sido director espiritual de las peregrinaciones nacionales a los Santos Lugares, promovidas por Urquijo en el primer tercio del siglo XX. Eusa mantiene una excelente relación con Múgica. Durante este momento proyecta el edificio para la compañía de las Hijas de María Inmaculada, los Escolapios, los Paúles, la Casa de Misericordia, el Seminario Diocesano, los parques de la Taconera y de la Media Luna, entre algunas obras.

En las construcciones de este periodo destacan los patios internos con fuentes de gusto islámico, canalizaciones de tradición nabatea o egipcia, el empleo de la geometría de sus fachadas o interiores que evocan el zigurat

---

[42] TABUENCA, *La Arquitectura de Víctor Eusa,* vol. I 47. En el apéndice del vol. II, 86-88, publica la nota completa de las impresiones del gran arquitecto que dejó escritas sobre un papel timbrado del Hotel Savoy del Cairo.

mesopotámico, la presencia de la imagen de obeliscos en vanos y vidrieras, o bien el uso del arco trilobulado de medio punto.

Uno de los elementos más sobresalientes en la arquitectura de estos años es la emulación de la cruz del Santo Sepulcro de Jerusalén, de carácter modernista, como la podemos observar en la en la entrada de la Casa Misericordia, en la fachada e interior de la iglesia de los Paúles, en la fachada del colegio de Escolapios o en el propio Seminario Diocesano de Pamplona.

21. Cruz en la Casa de Misericordia de Pamplona

22. Cruz de Escolapios de Pamplona

23. Cruz de los Paúles de Pamplona

2.1. La Capilla del Pilar

Los acontecimientos principales de la erección de la iglesia de Jerusalén, que ya hemos citado, son los siguientes:

1- En octubre 1922 las Misioneras Hijas del Calvario se instalan en la sede consular española. La imagen de la Virgen del Pilar es donada por las Damas de Honor de Zaragoza al Obispo Zacarías y a los peregrinos que viajan en 1924.

2- Un año después, en la segunda peregrinación hispanoamericana, presidida por el Cardenal Enrique Reig Casanova, Arzobispo de Toledo, coloca la primera piedra de la iglesia en un acto solemne, que fue concedida también en Zaragoza.

3- La capilla concluye las obras en 1927. Sabemos con exactitud que la iglesia fue levantada en dos años, y que gracias a los franciscanos y al Canónigo de Vitoria, Carlos Lorea, con gran esfuerzo han trabajado conjuntamente para estar abierto al culto este pequeño templo.[43]

24. Antigua Capilla de la Virgen del Pilar

---

[43] Conf. REQUEJO SAN ROMÁN, *Tierra Santa y Roma,* 85-87.

La iglesia es de dimensiones reducidas, pero proyectada arquitectónicamente de forma extraordinaria. Dado el poco espacio existente, ha sido aprovechado hasta el más mínimo rincón, que solamente un arquitecto como Eusa pudo ejecutar. Sobre este templo en sus bodas de plata se publicó[44]:

> «Se construyó un templo, bien que diminuto, pero hermoso en proporciones mínimas, a la Madre Santa del Pilar en donde los corazones puros rinden culto y pleitesía, irradiando desde los muros que circundan su hogar».

25. Piedra de consagración del altar

La capilla se levantó en una antigua cuadra de camellos. El suelo cubierto de cañizos, ocultaba un doble fondo, lo que permitió dar la altura que hoy posee el templo. La iglesia es de una sola nave, e inicialmente la Virgen del Pilar con el Niño, se apoyaba en la columna con la cruz de Santiago y ocupaba el centro del espacio con un arco abovedado pintado y cubierto de ángeles, el cual le daba profundidad. El conjunto estaba flanqueado por dos hornacinas, también pintadas, con las figuras de San José y el Niño y Santa Teresa de Jesús. Sobre la base se hallaba el tabernáculo, próximo al altar. En las paredes del templo se situaban peanas, que sostenían imágenes de santos, portadas por los peregrinos en diferentes épocas.

La iglesia fue reformada con el aspecto actual después del Concilio Vaticano II. La imagen de la Virgen del Pilar y la columna se localizan en la parte derecha del templo. Las imágenes de los santos, tras la remodelación, se han distribuido en diferentes espacios de la casa en la que residen las religiosas. Algunas esculturas, como la de San José, poseen una inscripción de donación al colegio por parte de los peregrinos españoles.

---

[44] El franciscano destinado en Jerusalén, fray Sabino Muñiz, publica estas líneas con motivo de las bodas de plata de la fundación del centro español. Conf. Revista de Tierra Santa 22 (1947) 101-102.

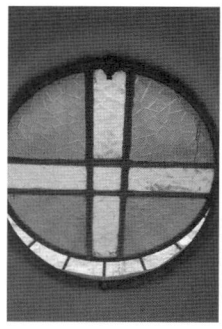

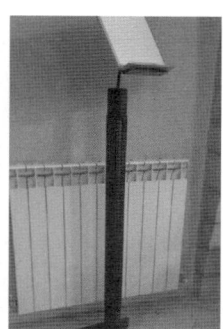

26. Vidriera   27. Coro   28. Atril

Prevalecen las vidrieras de tonos azulados que emulan la cruz, confesonarios portátiles y empotrados, muy del gusto del arquitecto Eusa, un atril donde se aprecia la preferencia por la figura del zigurat, como lo vemos en algunos edificios de Pamplona proyectados por el artista. En la parte trasera de la nave destaca el coro, en un espacio estrecho y bien aprovechado, al que se accede por una escalera lateral de caracol; existe también un confesonario empotrado en la pared, así como otro portátil, que se ha mantenido del proyecto original. En el centro del coro se emplaza un órgano portable, traído por los peregrinos, y un banco.

29. Cáliz de 1924   30. Confesionario portátil   31. Órgano portable del coro

32. Capilla del Pilar en la actualidad

En la sacristía, se custodia parte del legado del antiguo altar como estandartes, manteles, floreros… que fueron regalando los peregrinos. Sobresale el cáliz de plata del Obispo Zacarías con la inscripción de donación del año 1924.

Eusa, conocedor de este ambiente religioso y cultural, posiblemente proyectó la capilla española de Jerusalén y planteó el gran proyecto de la Casa de España, promovida por la Fundación Patronato Pro-Jerusalén, que era presidida por su buen amigo, el Canónigo Carlos Lorea. Eusa y Lorea tuvieron toda la vida una estrecha relación: Los dos formaron parte de la Junta de la Cofradía de San Miguel de Aralar de Navarra y de la Hermandad del Santo Sepulcro de Pamplona.

33. Entrada a la iglesia
desde la calle

34. Patio del colegio

El arquitecto diseñó varias andas para los pasos procesionales, como los de "El Santo Sepulcro" o "El Cristo a la Columna", en los que destaca la impronta de la cruz de Jerusalén. Hay constancia que viajó a Jerusalén en varias ocasiones en la década de los años veinte, durante el mandato del Jaurrieta, con el que tuvo también un fuerte vínculo. Todos los aspectos que hemos expuesto nos hacen pensar que fue Víctor Eusa quien proyectó el templo, aunque los planos no han aparecido: Desgraciadamente buena parte de su archivo desapareció al final de su vida.

Capítulo VI.
Los primeros documentales españoles de Medio Oriente

Las filmaciones que se hicieron durante las peregrinaciones hispanoamericanas fueron los primeros documentales de la historia de Medio Oriente, Egipto y Tierra Santa. Se realizaron dos películas que hemos identificado y localizado por la documentación de varios archivos. Estos reportajes tuvieron una notable repercusión de prensa en su tiempo. Ambas filmaciones, con cámaras de la marca Kodak, ofrecían una exótica visión de los lugares bíblicos de Egipto, Tierra Santa y Roma y un reportaje de los viajes. Su exhibición y alquiler servía para animar a otros peregrinos a conocer los lugares bíblicos y para obtener fondos para la construcción de la Capilla de la Virgen del Pilar en Jerusalén.

1. La película "España en Jerusalén" o "la Virgen del Pilar en Jerusalén"[45]

Durante la Primera Peregrinación Hispanoamericana se grabó una película de todo el trayecto titulada "Por Tierra Santa, Egipto y Roma" en 1924. Finalmente se presentó este documental como "España en Jerusalén" o "La Virgen del Pilar en Jerusalén". La encomienda de esta labor fue hecha a los Estudios de los Hermanos Beringola, situados en la calle Pez 42-44 de Madrid, los cuales poseían un centro fotográfico especializado en orlas universitarias. Se han conservado algunos reportajes, aunque el archivo principal se perdió en una inundación, según me ha relatado su hija,

---

[45] MANGADO ALONSO, *Peregrinaciones a los santos lugares en la época de los grandes descubrimientos arqueológicos: Las peregrinaciones hispanoamericanas, el colegio español de Jerusalén y los museos bíblicos hispanos*: Estudios Franciscanos 119 (Barcelona 2018) 541-613; Boletín Diocesano de Vitoria 1925; El Peregrino y el Turista (Vitoria 1924); documentos de la biblioteca del Seminario Diocesano de Vitoria.

Teresa, quien dirigió el estudio tras la jubilación de su padre y su tío. Los Estudios Beringola tuvieron también una sede en Tánger y participaron en filmaciones de películas del Oeste americano, cuando el cine comenzaba a despuntar. Recientemente se ha presentado su primera producción titulada *Santa Teresa de Jesús*, en la filmoteca de Castilla-León.

Los propios filmadores dejaron escrito sus impresiones del trabajo cinematográfico y fotográfico, que nos dan una apreciación de las dificultades con las que se tropezaron en la ruta y la ilusión de presentar un buen trabajo final[46]:

> «Nosotros…intentamos recoger estas emociones, grabar estas bellezas y recordar las escenas culminantes del viaje, para contribuir así, a fomentar y hacer inolvidables estas amistades contraídas en horas felices…
>
> Hubiéramos querido ofrecer un trabajo digno de tan importante peregrinación y de las personas que lo componían; pero hemos luchado con grandes inconvenientes, especialmente con la rapidez y premura con que tuvimos que proceder, dividiendo el escaso tiempo disponible, entre la impresión de placas y la de la cinta cinematográfica; con la falta de cámara oscura y de otros elementos necesarios de que no se dispone en los viajes».

La película filmada fue un copione de 2000 m de filmación, titulada en un principio "Un Viaje por Egipto, Galilea, Palestina y Roma". Más tarde se conoció definitivamente por "España en Jerusalén" o "La Virgen del Pilar en Jerusalén". El documental se proyectó por primera vez, el lunes 12 de noviembre de 1925 en el Nuevo Teatro de Vitoria ante un público selecto, encabezado por el Obispo Zacarías, tal y como consta en el Boletín Diocesano de Vitoria de ese mismo año:

> «En ella se desenvuelve en parte al menos, el itinerario que recorrió la peregrinación hispanoamericana del año pasado con su navegación a bordo de Codillère, los parajes más venerados de las piedras cristianas en Tierra Santa, el Egipto con sus pirámides y el misterioso Nilo, y Roma con su Vaticano y las ruinas de un glorioso pasado. El acto tenía un objeto simpático que aplaudimos con fines católicos, sociales y en especial la

---

[46] *Recuerdo de la Primera Peregrinación Hispano Americana*, texto de los hermanos Beringola.

futura capilla que se proyecta dedicar en Jerusalén a la Virgen del Pilar, a semejanza de la que se ha levantado en otros países».

Fue una velada de homenaje al Obispo Zacarías en la que también estuvo presente el ayuntamiento, la diputación, la audiencia, el instituto de cuerpos armados, y el cabildo de la catedral. La cinta cinematográfica impresionada por la "Sociedad Española de Turismo" posee cinco partes en las que se visualiza los lugares en los que transcurre la peregrinación hispanoamericana a Tierra Santa y Roma. Las dos primeras están dedicadas a los Santos Lugares, las dos siguientes al soñado país de las pirámides del Nilo, quizá lo más interesante y acabado de la película desde el punto de vista panorámica, y la última a la ciudad eterna.

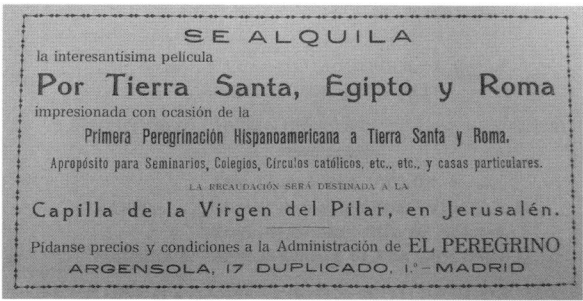

35. Propaganda de la película

Tras su pase en Vitoria se estrenó en Madrid ante el Rey Alfonso XIII y los obispos de Vitoria y Cuenca que acompañaron al viaje. El reportaje posee un valor extraordinario como documento vivo de estas expediciones. La cinta la componen, como ya hemos mencionado, cinco partes:

1- El viaje, que comienza con la visita general de Barcelona, de donde sale la peregrinación, presentándose acto seguido un buen número de peregrinos saliendo de la Iglesia de Santa María del Mar en la que se les impuso las insignias. A bordo del barco del *Cordillère,* sobresalen varios paisajes espléndidos: la isla de Córcega, el volcán Stromboli, el estrecho de Mesina, la vida en el barco o el desembarco en Jaifa. Sigue la ruta de los peregrinos por Palestina, visitando los lugares santos y calles o bazares, que dan una idea de la vida en Jerusalén. Destaca el Vía Crucis, celebrado con gran fervor, en el que los peregrinos llevan una pesada cruz.

2- La segunda parte son vistas del viaje a Egipto y regreso a la ciudad eterna.

3- La estancia en Egipto: los momentos de los peregrinos en la visita a las pirámides, la esfinge, el Museo del Cairo en donde se expone el tesoro de Tutankhamon, recientemente descubierto entonces, y los paisajes que ofrece el caudaloso Nilo.

4- La cuarta parte es el regreso de los peregrinos con detalles de la vida a bordo, el príncipe de Abisinia, que venía a Europa en el mismo barco que la peregrinación, el cráter del Vesubio y algunas vistas de Pompeya.

5- La última parte es la Ciudad Eterna, con los más interesantes monumentos de Roma, singularmente el Vaticano, San Pedro y las demás basílicas, el foro romano, el coliseo, la salida del embajador de España con los peregrinos de la iglesia española de Montserrat, en la que se celebró un *Te Deum* por la onomástica del monarca español, así como la audiencia que concedió el Papa Pío XI.

2. El documental "Visiones de Oriente"[47]

En el viaje de 1925 se realiza un segundo documental, que gracias a la publicación del 23 de marzo en el Diario de Navarra conocemos las características de la cinta. Se presentó en el cine Olimpia de Pamplona y consta, que su recaudación iba íntegra para la erección del Templo del Pilar de Jerusalén, según los deseos del prelado de Vitoria.

"Visiones de Oriente" responde a las realidades históricas y poéticas de Egipto y Palestina, así como a Grecia y Turquía cuyos atractivos desfilan por la pantalla en toda su atrayente grandeza. En esta película se desenvuelve también una magnífica peregrinación a Tierra Santa, presidida por el cardenal primado de España.

---

[47] Diario de Navarra (martes 23 de marzo de 1926) 3.

La película consta de siete partes:

- Primera parte: El puerto de Barcelona - Mares de Italia - Nápoles - En el Vesubio - El Stromboli en erupción - La escuadra inglesa en la isla de Malta - Mesina - Vida a bordo del "Lotus" - Misa solemne pontifical sobre cubierta - procesión solemne a bordo.

- Segunda parte: Mares de Grecia - El Piréo - Atenas: desembarco de peregrinos - Las ruinas - La Acrópolis - El Partenón - Camino de Constantinopla - El cuerno de oro - El Bósforo - Honores oficiales del ministro de España al cardenal - La antigua Bizancio - Santa Sofía - Esmirna: desembarco - Isla de Rodas - En el mar - Llegada a Siria - Camino del Líbano - Baalbeck - Sus inmensas ruinas.

- Tercera parte: Damasco - Galilea - Nazaret - Tiberiades - El lago misterioso - Cafarnaún - El padre Torres impresiona a la multitud con su palabra - Jerusalén - La ciudad misteriosa - Entrada solemne en el Santo Sepulcro - 30.000 árabes en Nevi - Musa.

- Cuarta parte: Calles de Jerusalén - Los beduinos - Los camellos - Los indios llorando en la muralla (deben ser judíos) - El río Jordán - Misa de campaña en sus orillas - el Mar Muerto - Jericó - Belén - Solemne recepción - Los pastores - Iglesia de la Natividad - San Juan de la Montaña - Los niños rodeados de los naturales que aplauden, son llevados a la circuncisión - El Monte Carmelo.

- Quinta parte: El cardenal español aplaudido - Getsemaní - El Valle de Josafat - La mezquita de Omar - El Calvario - Los peregrinos en la calle de la Amargura - Tipos de judíos - El sepulcro de la Virgen - Solemne recepción en Vetchalla - El Señor Cardenal rodeado de los naturales - Salida para Egipto.

- Sexta parte: Egipto - El Cairo y sus monumentos - La ciudadela - El Nilo misterioso - Sus orillas - Los peregrinos desembarcan y parten para Menfis - Heliópolis - Las pirámides - La esfinge misteriosa - Descanso de la caravana al pie de las pirámides.

- Séptima parte: El puerto de Alejandría en el que caben todas las escuadras del mundo - En el mar - Los peregrinos se divierten - Nápoles: Desembarco - Pompeya - Roma - Los peregrinos en grupos por sus calles - La plaza de San Pedro - Salida del Vaticano después de ser recibidos por el Papa - El Coliseo por la noche - Costa

Azul - Niza - Mónaco - El Museo Oceanográfico - Los peregrinos en autocar - Regreso a España.

3. Características generales de los documentales

El documental, en vez de poseer un guión, hemos podido determinar la existencia de dos, propiamente dicho: El primero narra la ruta del viaje en el que participan como protagonistas los propios peregrinos y el recorrido del viaje con sus anécdotas; el segundo guión es de carácter bíblico, la cinta cinematográfica se recrea en aquellos lugares geográficos por donde trascurre la historia sagrada, siguiendo el texto del Antiguo y Nuevo Testamento.

El mundo de cine en los años veinte del siglo pasado empieza a despuntar como temática en varias producciones el motivo religioso y la existencia de lo sobrenatural. Esta cuestión no es entendida como un mundo de fantasmas y momias, sino como la aceptación de una intervención divina en la vida de los hombres. Quizá lo más sobresaliente del discurso de esta filmación es que se afirma la intervención divina con contundencia, sin la cual ni la historia sagrada ni la vida de Cristo tendrían sentido. En ningún momento se pone en duda los hechos bíblicos. A través de textos breves y sencillos, que preceden a las imágenes grabadas, se va reconstruyendo la historia del viaje, y en especial el Antiguo y Nuevo Testamento. Las escenas de los lugares en los que vivió Cristo son las verdaderas protagonistas en su mayor parte: La "Jerusalén Terrestre" se recrea en sus monumentos y en los lugares que vivió Jesús.

El acontecimiento más significativo, sin duda es el momento de la Pasión, expresado en el Vía Crucis con gran solemnidad por las callejuelas hierosolimitanas. Aquí, de una manera magistral se funden ambos guiones: los viajeros en un ceremonioso procesionar con las cruces a hombros y la propia Pasión de Nuestro Señor.

En las imágenes quedan latentes los aspectos que impactaron a los filmadores: personajes locales, modos de vida, la belleza del desierto y sus montañas, los monumentos más emblemáticos de los Santos Lugares, la inmensidad de mar, la magnitud de una de las siete maravillas del mundo antiguo como las pirámides… hasta la majestuosidad de la llegada a Roma y el encuentro con el Santo Padre, que representaba en Vicario de Cristo sobre la tierra.

Son escenas ingenuas, llenas de luz y melancolía, que de forma nueva desean hacer palpar la fascinación por las tierras bíblicas, la antigüedad de algunos de sus impactantes monumentos. En el montaje, en aquellos pasajes que carecían de imágenes adecuadas, los filmadores colocaban estampas piadosas que evocaban su recuerdo.

Los documentales tenían el objetivo de catequizar y de mostrar el atractivo de los viajes y sus lugares para animar a otros peregrinos.

Hemos de tener presente que en estos años se proyecta la primera película en blanco y negro "Los Diez Mandamientos", que narra el éxodo judío de Egipto hacia la tierra prometida por Dios, y en el que la figura de Moisés sobresale por su fuerza y arrogancia. Se trata de una película muda del director Cecil B. De Mille[48] rodada en 1923, y que tanto impactó al público en su época, pues se llevaba al cine la historia de uno de los personajes más imponentes del Antiguo Testamento: Moisés. Su exhibición en las salas cinematográficas europeas y la repercusión social del momento por llevar al cine la vida de personajes bíblicos, debieron influenciar en la iniciativa, presentación y montaje de las cintas de los viajes, tanto de los productores como de los promotores. La idea definitiva era poder hacer algo similar al cine histórico bíblico que se producía en Hollywood con los documentales de los viajes. Debo insistir que el Obispo Zacarías fue un gran amante del cine[49]: Un hombre de mente tan abierta y brillante como la suya, sin duda apreció la oportunidad que le brindaba la filmación de un viaje a los Santos Lugares para su exhibición en salas. Estas grabaciones se unen de esta manera a la corriente norteamericana, relacionada con el cine bíblico, que surge después de la Primera Guerra Mundial.

---

[48] Cecil de Mille (1881-1953) fue un productor y director de cine de EEUU, que destacó pon las grandes producciones de cine y su éxito de taquilla. Buena parte de sus filmaciones fueron dedicadas a temas bíblicos como los Diez Mandamientos, el Rey de Reyes, Sansón y Dalila o el Signo de la Cruz.

[49] Fray Zacarías como su maestro Ramón y Cajal fueron grandes interesados por las producciones cinematográficas. De hecho Ramón y Cajal llegó a inventar nuevos artilugios de cine, pero sus ocupaciones científicas no le permitieron dedicar el tiempo que deseaba. Su alumno Zacarías en el nuevo Seminario Diocesano de Vitoria organizó un lugar especial para las proyecciones de cine.

Las cintas se lucían en las salas acompañadas de música en directo. Normalmente se trataba en pases cortos de música improvisada, pero dada la duración de 66 minutos de las cintas, seguramente tuvieron una composición musical en exclusiva; posiblemente fuera una composición para órgano, máxime cuando se presentó en Madrid ante el Rey Alfonso XIII.

4. Comentario histórico-arqueológico y arquitectónico de la filmación conservada: Tierra Santa, Egipto y Roma 1924-1925[50]

En el fragmento preservado de este documental aparecen escenas grabadas en Tierra Santa combinadas con imágenes de tipo devocional. Los fotogramas conservados se pueden dividir desde un punto de vista argumental en tres grupos: Las imágenes que tienen que ver con el camino de Jesús al Calvario en Jerusalén, las que se vinculan con José, y las que se asocian con Elías. Poseen gran interés histórico, si bien no todas son fácilmente identificables.

4.1. Escenas del camino de Jesús al Calvario en Jerusalén

Varias de las escenas del documental se relacionan con la Vía Dolorosa. En los segundos 00:15-00:50 se ve a un grupo de franciscanos, dominicos y otros descendiendo por la Vía Dolorosa, desde la segunda estación hacia la tercera estación que encabeza la solemne procesión, provistos de paraguas para protegerse del sol; detrás se ven los peregrinos. A la izquierda (donde hay unos contrafuertes) queda el Hospicio Austríaco (construido en 1863); a la derecha, la propiedad de la Iglesia Armenia Católica, alrededor de la cual están girando hacia la calle de El-Wad ("el valle"), el antiguo valle del

---

[50] Mi enorme gratitud a Dª Carolina Aznar Sánchez, profesora del campus universitario en Madrid de la Universidad de San Luis, por la generosa aportación en este aparatado sobre los comentarios e identificación de los monumentos y los lugares geográficos o arqueológicos que se hallan en los 10 minutos de cinta que se ha podido rescatar. También deseo subrayar la labor técnica en la captación de los fotogramas del documental por parte de Dª Alicia Colmenero, que permite la visualización de la imagen con nitidez y a Tomas Cuadrado por la precisión en algunas imágenes.

Tyropeon ("de los queseros"). Se aprecia la presencia de un guardia armado al estilo turco (*kawasses*), una tradición del período turco, que se colocaba al principio y final de la procesión.

36. Grupo encabezado por franciscanos y dominicos en el Vía Crucis

37. Grupo de franciscanos y dominicos en el Vía Crucis

38. Grupo de franciscanos y dominicos en el Vía Crucis

En el minuto 1:09 se menciona el arco del "Hecce Homo": *Desde el que Pilatos trató de ganar para Jesús las simpatías del populacho*. En las imágenes se visualiza, efectivamente, un arco, pero no es el del llamado "arco del Ecce Homo" sino un arco situado un poco más al este de la misma vía, ubicado en el convento franciscano de La Flagelación. A la derecha en los segundos 1:15-1:28 se observa una rampa de ascenso a un colegio musulmán, concretamente el Colegio Al-Omariya, nombrado por Omar, el líder musulmán que tomó Jerusalén en el siglo VII. En su interior están los restos de la Torre Antonia del siglo I en la que los franciscanos comienzan el Vía Crucis todos los viernes. El colegio se ubica en un complejo del período mameluco reformado en época turca. Fue sede del Gobierno de Jerusalén desde el comienzo del siglo XV y en 1924 se convirtió en el colegio que es hoy, por lo que los peregrinos españoles debieron ver el colegio recién inaugurado. Según la tradición, los escalones de la Escalera Santa de Roma habrían sido tomados de la rampa de acceso al pretorio y llevados a Roma por Santa Elena en el siglo IV.

Durante el trayecto son frecuentes los momentos con los viajeros, andando o arrodillados en actitud de recogida y oración, así como la presencia de sacerdotes acompañantes, franciscano o dominicos, destinados en Jerusalén.

Como nota curiosa, delante de la rampa se percibe a unos hombres sacando agua de un aljibe. Ese aljibe seguramente sea la piscina de Struthion, el aljibe de la Torre Antonia que todavía hoy se puede ver en el cercano sótano del convento de las Hermanas de Nuestra Señora de Sión, construido en 1857. Por la calle pasan lugareños con trajes empobrecidos, que nos muestra la situación de buena parte de la población de Jerusalén en estos años. También podemos diferenciar a lo largo del recorrido de la vía Dolorosa personas pobres pidiendo, mujeres con cubos en la cabeza, niños, e incluso enfermos.

39. Colegio Al-Omariya. Arco del convento franciscano de la Flegelación.

40. Vía Dolorosa, entre la II y III estación

En el minuto 1:33 se menciona una iglesia *que oculta el lugar donde Jesús fue golpeado y escarnecido por los soldados y la muchedumbre.* Estas frases del documental darían a entender que el lugar está próximo a la Torre Antonia, quizá la Iglesia de la Condenación, situada próxima al complejo franciscano de la Flagelación, frente al colegio Al-Omariya. Sin embargo, el templo que se muestra en los segundos 1:44-2:04 no se trata de dicho templo, sino la de Nuestra Señora de los Dolores (construida en 1881), ubicada un poco más abajo de la misma Vía Dolorosa, la cual pertenece a la Iglesia Católica Armenia. Fue construida sobre los restos de un templo bizantino.

41. Iglesia de los Dolores

42. Iglesia de Dolores y parte de la muralla que la circunda

En el documental parece existir una cierta confusión entre la estación III (Jesús cae por primera vez) y la IV (Jesús se encuentra con su madre)[51]. En el minuto 2:09 se dice: *Nada más intensamente conmovedor para los peregrinos que esta cuarta estación, donde Jesús fue cargado con la cruz, carga harto cruel para sus espaldas ensangrentadas...*, cuando la descripción de la estación corresponde a la III estación.

La confusión puede deberse al hecho de que ambas estaciones quedan muy cerca entre sí; hoy en día las dos están en el complejo armenio católico, que acoge tanto a la Iglesia de Nuestra Señora de los Dolores, como un edificio del Patriarcado Católico Armenio (que hasta 1856 era un baño turco y una pequeña capilla). La estación III está precisamente ubicada en esta pequeña capilla (los peregrinos la pasan de soslayo en los segundos 00:15-00:50 y parecen mirar hacia ella en los segundos 2:19-2:32), mientras que la estación IV radica en el lugar de la puerta de acceso al complejo armenio católico (en el minuto 2:22 y en los segundos 2:47-2:59).

43. IV estación del Vía Crucis

---

[51] La imagen devocional del minuto 3:10 parece un *Noli Me Tangere* del Jesús resucitado a María Magdalena más que un encuentro entre Jesús y su madre.

Unos pasos más hacia el sur por El-Wad, el antiguo valle del Tyropeon, la Vía Dolorosa hace un ángulo de 90º y sube en línea recta hacia el oeste. En el minuto 3:25 se ve la estación V, emplazada al principio de la subida. Esta estación recuerda donde Simón de Cirene, padre de Alejandro y Rufo, ayudó a Jesús a cargar la cruz. Se trata de una capilla franciscana construida en 1895, en el área del Monasterio del mártir San Cosme.

44. V estación del Vía Crucis

En la escena de los segundos 3:44-3:50, los peregrinos se hallan frente a la estación VI, en la que se conmemora que la Verónica enjugó el rostro de Jesús. Actualmente, está marcada por una piedra miliaria de *Aelia Capitolina* de Jerusalén del período romano. El edificio pertenece al Patriarcado Católico Griego, que adquirió el lugar en 1882. Aquí se han encontrado restos de época romano-bizantina, y se cree que podrían ser los del Monasterio de San Damián del siglo VI. Obviamente, al documental le falta una sección hablando del Santo Sepulcro, el lugar más santo de la cristiandad, que esperemos se halle en algún momento.

45. Peregrinos arrodillados en la III estación del Vía Crucis

46. Franciscanos y peregrinos arrodillados en las proximidades del Santo Sepulcro

Como comentario arquitectónico, mencionar que hacia 1924-25 los edificios que los peregrinos verían en el exterior de la Ciudad Vieja de Jerusalén serían, principalmente, los de la última etapa de época turca, junto con la posterior Iglesia del Padre Nuestro en el Monte de los Olivos (de 1920) y la Iglesia de Todas las Naciones, en Getsemaní (de 1924). De 1925 hay citar también la inauguración de la construcción de la Universidad Hebrea de Jerusalén, en el Monte Scopus.

4.2. Escenas relacionadas a la vida del patriarca José, visir de Egipto

Las imágenes de los minutos 3:57 a 4:12 hacen referencia a los graneros que José construyó para abastecer los siete años de pobreza, anunciados al Valle del Nilo.

Según el texto bíblico del Génesis, los graneros están en el propio Egipto. En toda la época medieval se creían que eran las propias pirámides, y así lo vemos representado en la Catedral de San Marcos de Venecia. A pesar de esta tradición, el vestuario de los individuos de la filmación nos hace ubicar al edificio que se refieren algún lugar de Palestina.

Tras una revisión muy concienzuda de los monumentos, se ha conseguido localizar el lugar: se trata de la torre de Zar'in[52], la aldea palestina identificada como la antigua residencia real de Jezreel en el *Survey of Western Palestine*[53]. La aldea había sido ya visitada por V. Guerin en 1870, calificándola este como "los miserables restos de Jezreel", lo que da una idea de su pobre aspecto[54]. En el centro de Zar'in, Guerin la describe como una torre ruinosa, como la mayoría de las otras casas, quizá de origen árabe, aunque pudo reemplazar una torre más antigua. En la guerra de 1948 se instalaron en la aldea tropas iraquíes y sirias contra los israelíes, que después destruyeron la localidad. De la torre solo queda la parte más baja.

---

[52] Véase las dos fotos de la *Library of Congress*, la tomada entre 1890-1900 y la tomada entre 1898-1914 en: https://www.biblewalks.com/tellyizreel

[53] CONDER-KITCHENER, *Survey of Western of Palestine,* vol. 2, Palestine Exploration Fund, Londres 1872-1877, 88-89.

[54] CONDER- KITCHENER, *Survey...,* vol. 2, 130-131.

47. Torre de Zar'in en Jezreel

Resulta muy curioso que esta imagen se reconociera como los graneros de José. No hay ninguna base para tal identificación que conozcamos hasta ahora. Nos interrogamos por qué se han asociado estas estructuras con los graneros de José si no hay fundamento bíblico. Quizá responda a alguna tradición, que hoy por hoy desconocemos, y que en un futuro se pueda recuperar. Otro aspecto que destacar es el vestuario de los lugareños, que merece un análisis etnográfico.

48. Vestuario popular de los lugareños delante de la torre de Zar'in

4.3. Imágenes relacionadas con el profeta Elías

Particularmente interesantes son los pasajes que tienen que ver con el Monte Carmelo y sus alrededores, mostrados en relación con los textos del profeta Elías (I Re 17-19; II Re 1). Los autores del documental, los Hermanos Beringola, muestran un particular atractivo por la figura del profeta Elías y el Monte Carmelo, quizás por la proximidad al puerto de Jaifa, y que el grupo tuvo ocasión de visitarlo en profundidad. Es de notar que el puerto moderno fue construido entre 1922 y 1933, por lo que cuando los peregrinos españoles estuvieron allí, estarían de obras.

El profeta Elías, según el Libro de Reyes, vivió en el siglo IX a.C. en el reino del norte de Israel. En esta época el Rey Ahab, y su esposa, la princesa fenicia Jezabel, promovían el culto idolátrico del dios Baal, la persecución de los profetas de Yahvé y la violación de las tradiciones de Israel. El texto arranca con una sequía que Yahvé envía para mostrar a los israelitas que Él es el único que verdaderamente puede causarla. Temiendo que Ahab le haga daño, Elías se retirará al río Cherith, al otro lado del Jordán, donde Yahvé le protegerá, haciendo que los cuervos le alimenten. Tras hacer varios milagros, Elías se enfrentará al Rey Ahab y a los profetas de Baal. En el Monte Carmelo desafía a los profetas de Baal para que imploren a su dios, mientras que Elías aclama al suyo, con el fin de mostrar quién es el verdadero dios. Triunfará Yahvé y los profetas de Baal serán castigados. Después, Elías marchará temiendo por su vida al Monte Horeb, en el Sinaí, justo en el lugar en donde Moisés vio la zarza ardiente y donde Israel hizo la alianza con Yahvé. Allí un ángel lo alimentará y Dios se le manifestará como un suave susurro. Finalmente, Dios lo subirá al cielo en un carro de fuego.

La cordillera del Monte Carmelo posee una cadena de unos 35 km, que se extiende desde el noroeste al sureste, en la que se sitúan cinco emplazamientos asociados a la historia del profeta. En el documental se aprecian tres de ellos:

a) El primer lugar es la llamada "Escuela de los profetas" ("el Khader" o "verdeante" en árabe, y Gruta de Elías en hebreo). Se trata del edificio que se ve a mitad de la ladera en los segundos 4:43 a 4:55. La estructura guarda una gruta rectangular originariamente de época helenística o romana donde debió darse un culto a la fecundidad; en el lado este, hay una pequeña oquedad excavada en la pared. En el período bizantino, los cristianos edificaron aquí un monasterio dedicado a San Elías, destruido por los persas en el año 614. Posteriormente, los musulmanes controlaron el lugar y volvieron a venerar a Elías, denominándole el-Khader. En el siglo XII un monje griego, original de Calabria, estableció una comunidad de unos diez miembros en las ruinas del viejo cenobio. En el siglo XVII un grupo de ascetas musulmanes volvió a establecer la veneración a Elías, en el-Khader. Hoy la gruta es una sinagoga y es conocida como "Gruta de la Virgen" por los autores carmelitas.

49. Escuela de Profetas

b) El segundo lugar es la explanada o terraza del promontorio, visible en lo alto en los segundos 4:19-4:23 (momento en el que se identifican dos construcciones). En época romana el lugar fue consagrado a Júpiter. Más tarde, los monjes bizantinos construyeron un monasterio en la cima, conocido con el nombre de Santa Margarita o Santa Marina. El cenobio actual se alza sobre el lugar del antiguo cementerio monástico. La gruta bajo el altar mayor de la iglesia parece haber sido la tumba de alguien destacado. Desde el siglo XV, quizá porque desde 1291 los mamelucos expulsaron a los cristianos de la gruta de Elías y se había olvidado el cenobio, se empezó a relacionar con el profeta Elías. Ahí se elevó un altar dedicado a la Virgen María. En época cruzada los templarios construyeron un fortín sobre el antiguo monasterio bizantino. Después, los cristianos solo pudieron volver a levantar el cenobio sobre el camposanto. Los mamelucos destruyeron los edificios hacia 1291. En el siglo XVIII se permitió a los carmelitas construir un nuevo convento en el promontorio, que se completó en 1836. Es este el inmueble grande que se aprecia en los segundos 4:19-4:23.

El edificio pequeño, que se puede observar en los segundos 6:50-6:52 es la llamada "villa de Abdala", erigida por el gobernador de Acre entre 1820 y 1822. En el contexto de una rivalidad entre los católicos latinos y los ortodoxos, y gracias a la ayuda económica de Gregorio de Cristo (un carmelita descalzo español que abandonó España por la Desamortización de 1835) los carmelitas pudieron comprarlo en 1856. Desde 1860, se estableció en el complejo un noviciado y una hospedería; más tarde, desde 1907 se creó un estudio de filosofía y teología. El santuario floreció particularmente en los años anteriores a la Primera Guerra Mundial, momento en el que fueron expulsados de Palestina por los turcos. En julio de 1961, por mediación de la Santa Sede, los turcos permitieron regresar a algunos religiosos: un padre alemán, uno austríaco y un hermano español, Domingo de Santa Teresa, los cuales permanecieron en el enclave, hasta que en 1919 la comunidad pudo reiniciar la vida conventual. En 1864 los carmelitas edificaron un fanal en lo alto. En 1928 fue sustituido por un faro, cuya construcción fue presidida por Víctor Germain, Cónsul Honorario de España en Jaifa (quien trabajaba para la administración otomana de los faros). Fue el mismo cónsul el que dio al faro el nombre de *Stella Maris*, en principio sin relación con la devoción a la Virgen. Pero con el paso del tiempo la hospedería y el mismo convento pasaron a denominarse así.

c) El tercer lugar es el valle que se ve muy brevemente en el minuto 6:07 (con el mar al fondo, la imagen se funde enseguida con la de la siguiente escena llena de árboles) cuando se dice que *la persecución del rey obligó a Elías a refugiarse en Cherith, donde era alimentado por cuervos* (1 Re 17:2-6).

Se trata del valle del Wadi es-Siah, un valle lateral del Monte Carmelo, a unos cuatro kilómetros de la moderna ciudad de Jaifa.

Aquí es donde habría aparecido la primera comunidad de carmelitas, en un lugar con cuevas cercanas a una fuente (la "Fuente de Elías") y que desde época bizantina constan eremitorios. Según los cristianos locales, Elías habría vivido junto a la fuente, Eliseo, su discípulo, en la covacha con su nombre, y el resto de grutas habrían sido ocupadas por los discípulos de ambos. En las grutas surgieron los carmelitas, a los que Alberto de Jerusalén preparó una regla. Después nació un oratorio dedicado a la Virgen, siguiendo la prescripción de la regla. Finalmente, se construyó un convento, que a partir de 1291 quedó abandonado. Es de notar, no obstante, que en el Libro de Reyes, el Cheritheliano estaba en el lado este del Jordán.

Los otros dos parajes relacionados con Elías, situados en el Monte Carmelo y que no aparecen en el documental, seguramente porque no se han conservado, son: el llamado "Convento del Padre Próspero", donde los carmelitas estuvieron entre los siglos XVII y XVIII, y El-Muhraqa, en el extremo sureste del Carmelo (donde la tradición sitúa el desafío de Elías a los profetas de Baal).

En los minutos 4:19-4:23 se ve la cara norte del Monte Carmelo, con la ciudad de Jaifa y el puerto a sus pies. La foto está tomada desde la bahía de Jaifa, también llamada bahía de Akko.

50. Playa de Jaifa o Akko

51. Bahía de Jaifa o Akko

En el Monte Carmelo se avistan dos carreteras que ascienden a la cumbre. La de la derecha lleva a la explanada del promontorio de *Stella Maris*. En los minutos 4:43-4:55 y 5:03-5:05 existe un fotograma más cercano de la zona noroccidental del Monte Carmelo. En el documental se indica por error, que está en la llanura de Sharon, al sur.

52. Carretera de acceso al Monte Carmelo

53. Cara norte del Monte Carmelo

En la base se sitúa un campamento. En lo alto del monte finaliza la carretera de ascenso y los dos edificios de la explanada del promontorio ya descritos. A la derecha se divisa el mar. Los minutos 6:50-6:52 exhiben una imagen del "palacio de Abdala", hoy una instalación militar israelí.

54. Monasterio de Monte Carmelo

Como hemos dicho, es posible que el minuto 6:07 sea el Wadi 'ain es-Siah. Otras imágenes podrían pertenecer al Monte Carmelo por la vegetación y paisaje, pero cuya ubicación no ha sido posible identificar; son las de los segundos: 6:53-7:04 y 6:12-6:23.

Una escena que definitivamente no es el Monte Carmelo, pese a que se identifique como tal, es la mostrada en los minutos 4:30-4:40. Quizás podría ser la playa Gaash con acantilados, al norte de Tel Aviv; o bien la parte libanesa, la zona norte de Rosh Ha-Niqrah/Ras en-Naqura, macizo rocoso que separa Israel del Líbano.

Las imágenes de los segundos 5:28-5:35 y 5:42-5:59 muestran la llanura de Akko desde lo alto del Monte Carmelo con el río Kishon como protagonista, utilizando como ilustración el sacrificio de los profetas de Baal. Están tomadas desde el lado oeste del Nahal Even, hoy barrio de Geula o el de Ramat Hadar. En primer plano se ubica el río Kishon, y paralelamente al sur, el Wadi Salman, desembocando ambos en una zona de marismas. Al final se divisan en primer plano las montañas de la Baja Galilea y las más lejanas, las de la Alta Galilea. Este paisaje resulta de particular interés para entender los cambios geomorfológicos sufridos por los ríos Kishon y Wadi Salman, que han afectado a Tell Abu Hawama a lo largo de los siglos; el yacimiento está hoy en una zona colmatada a varios kilómetros de la costa y sin ríos alrededor. Tell Abu Hawama fue un pequeño puerto que funcionaba como punto de contacto entre las localidades situadas a lo largo del río Kishon y los comerciantes, que venían por el Mediterráneo. Resulta de enorme interés para entender:

a) Las relaciones entre los cananeos y sus vecinos del Próximo Oriente durante la época del Bronce Final.

b) Los vínculos entre los fenicios, los israelitas y otros pueblos del Próximo Oriente durante la Edad del Hierro, coincidente con el período de la monarquía bíblica.

c) Los intercambios entre los fenicios, los judíos y algunos pueblos del Próximo Oriente con los griegos durante el dominio persa. El yacimiento fue excavado en 1985-86 por un equipo franco-español e israelí codirigido por los arqueólogos J. Balensi del

Centro Nacional de Investigación Científica de Francia (CNRS), M.D. Herrera de la Casa de Santiago de Jerusalén y M. Artzy de Universidad de Jaifa de Israel. No deja de ser una feliz casualidad que una peregrinación española proporcione imágenes de interés para entender la topografía de un yacimiento excavado por una expedición española. En la actualidad, toda la llanura sur de Akko, la zona visible alrededor del cauce final del río Kishon, está siendo objeto de un proyecto de investigación entre España y E.E.U.U. codirigido por la arqueóloga española Carolina Aznar, del campus de Madrid de la Universidad de San Luis, M. Artzy de la Universidad de Jaifa, y A. Abu-Hamid, de la Sociedad de Exploración de Arqueología de Israel. El equipo trata de entender la articulación del territorio en torno al río y de cara al mar en los distintos períodos.

55. Llanura de Akko, río Khison

56. Llanura de Akko con los peregrinos subiendo en la parte izquierda

En las cercanías del Monte Carmelo, las imágenes de los segundos 5:11-5:21 muestran vías férreas desde la parte trasera de un vagón, que según la descripción, pasa por la llanura de Esdrelón. La línea Jaifa-Dera'a (que atravesaba la llanura de Esdrelón o valle de Jezreel) conectaba Jaifa con el tren del Hejaz, enlazando Damasco con Medina. La línea Jaifa-Dera'a fue inaugurada en 1905 y se utilizó hasta 1948. Desde 2016 funciona otra vez, pero ahora con anchura de vía normal.

57. Vías de tren de la línea Jaifa-Dera'a en la llanura de Esdrelón

58. Wadi `ain es- Siah

59. Aguadoras posiblemente de Nazaret

En los segundos 6:27-6:44 los dromedarios están descansando en el oasis de En-Guedi.

60. Dromedarios en el oasis de En-Guedi

En los segundos 7:11-7:20, la montaña a las que se retira Elías debería ser el Monte Horeb según el texto bíblico (1 Re 19, 8), también llamado Monte Sinaí. Sabemos que los peregrinos no llegaban al Sinaí, por lo que los segundos 7:11-7:19 son las rocas calizas del desierto de Judá.

61. Desierto de Judá

Finalmente, en los segundos 7:30-7:39 se da a entender que se está enseñando el palacio de Jezreel. Quizá se trate de Zar'in, la antigua Jezreel. En la descripción del *Survey of Western Palestinese* indica que la aldea tenía un pozo al norte, Bir es-Suweid y a su alrededor, poseía 300 aljibes para unas 20 o 30 casas.[55]

62. Palacio de Jezreel

---

[55] CONDER-KITCHENER, *Survey...* vol. 2, 88-89.

Capítulo VII.
El Colegio del Pilar y el
Patronato Pro-Jerusalén

Al regreso de la peregrinación publicó el Obispo de Vitoria Zacarías Martínez Núñez una carta pastoral en la que expresaba el deseo de erigir en Jerusalén un templo y una Casa de España. La iniciativa fue pronto acogida con entusiasmo por parte del Gobierno de entonces. Como era necesario dar cuenta de ella a Inglaterra, por el mandato que ejerce en Tierra Santa, se encomendó dicha gestión diplomática al entonces Ministro de Estado, Duque de Alba[56].

Cuando el Obispo Zacarías volvió en 1924 de su viaje a Tierra Santa expuso al Rey Alfonso XIII y al Gobierno la intención de levantar un templo y un centro en Tierra Santa, idea que emocionó a las autoridades de nuestro país. Tras ser trasladado a la sede de Santiago de Compostela, organiza la Fundación Patronato Pro-Jerusalén[57] con un carácter benéfico y piadoso, para cuántos españoles y americanos de lengua española visiten los Santos Lugares. Queda constituida el 30 de septiembre de 1930 en Vitoria ante el notario Don Salvador Echenique. La Fundación ha sido declarada de Beneficencia Particular por Real Orden del Ministerio de la Gobernación del 20 de enero de 1930 y está patentada para el empleo de medios y procedimientos especiales, conducentes a la finalidad de la misma. La alta dirección radicó en Santiago de Compostela con delegación en Vitoria.

---

[56] Archivo Consular de España en Jerusalén, sección Colegio del Pilar; Revista Tierra Santa y Roma (Vitoria-Madrid 1933-1936).

[57] MARTÍNEZ NÚÑEZ, *Patronato Pro-Jerusalén, Fundación de Excmo. e Ilmo. de Santiago de Compostela,* Vitoria, s/a.

63. Propaganda de la lotería el 3 de enero de 1935 en el Diario de Navarra

Los objetivos principales son: primero la construcción de un templo a la Virgen del Pilar y un hospital-hospedería-Casa de España en Jerusalén; y segundo el entrenamiento y conservación de estos edificios, que se procure esté encomendado a una comunidad religiosa española en la que podrá haber americanas de lengua española, para que cuantos españoles y americanos de lengua hispana visiten el país de Jesús, encuentren un templo, un hogar y un hospital en caso necesario, netamente español. El fin general es ofrecer las máximas facilidades para alcanzar el mayor número posible de católicos españoles visiten, siquiera una vez en la vida, los Santos Lugares de Palestina.[58]

---

[58] Archivo Consular de España en Jerusalén, Escrituras de la Fundación Pro-Jerusalén.

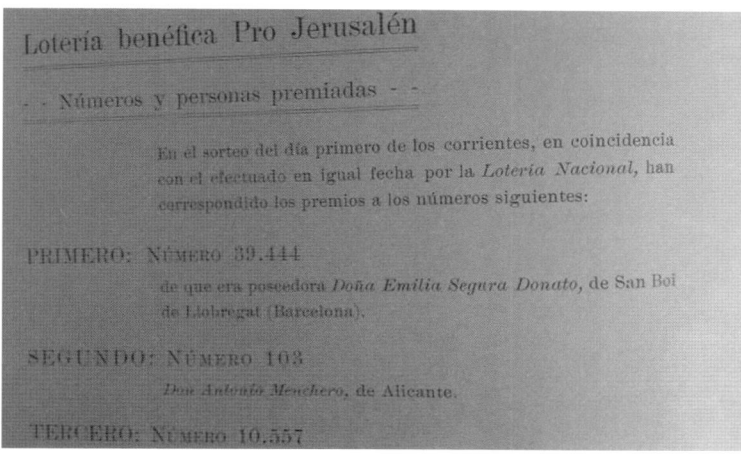

64. Números premiados de la lotería

Según los estatutos, esta Fundación no tendrá más bienes que los edificios piadosos y benéficos; sufragará los gastos de su adquisición o construcción con los donativos que reciba y las cantidades que recaude por otros medios legales, competentemente autorizados, cuando este requisito sea necesario.

65. El Patronato Pro-Jerusalén con el Patriarca de Jerusalén

La potestad de la entidad estará a cargo de la Junta del Patronato con los cargos:

- Presidente: Carlos Lorea Aramendía, canónigo chantre de la catedral de Vitoria, Caballero de la Orden Santo Sepulcro y comisario diocesano de la Obra Pía.

- Director: Francisco de Inés Pons, agente de viajes.

- Tesorero: Antonio González Martínez de Olaguibel, abogado.

- Secretario: Manuel de Jaúrregui, perito mercantil y Vicesecretario: Casimiro Lorea Aramendía.

- Vocales: José Polo y Benito, deán de la catedral de Toledo y Santos Orbegozo, presbítero de San Sebastián y Caballero de la Orden del Santo Sepulcro.

66. El Patronato Pro-Jerusalén con el Cónsul de España

La Fundación cuenta en su inicio con 80.000 pesetas, depositadas en el Banco de Roma en Jerusalén, que serán destinadas a los fines fundacionales.

Todos los miembros del patronato participaron en las grandes peregrinaciones hispanoamericanas de los años veinte. El presidente Carlos
Lorea Aramendía intervino muy activamente en la organización de los
programas de ruta (más tarde nos remitiremos a su figura). José Polo y
Benito fue el director de la revista Tierra Santa y Roma, que editaba esta
Fundación y un destacado escritor. Murió asesinado en 1936 y fue bea-
tificado en Roma en el año 2007. Santos Orbegozo Balerdi, era sacerdote
en San Sebastián y también participó en los anteriores viajes; su primera
participación consta en la V peregrinación, promovida por Urquijo en
1907. Francisco Inés Pons, fue el primer agente de turismo español y el
encargado de los viajes de los años veinte. El tesorero Antonio González

de Olaguibel, que trabajaba en la
Gaceta del Norte[59], fue la persona
de confianza de José María Urquijo
Ibarra y que, con su beneplácito,
colaboró en las tareas de la institi-
ción. Manuel Jaurregui fue un conocido empresario del momento y
Casimiro Saralegui era un sacerdote
navarro, sobrino de Lorea, destinado en la localidad navarra de
Berbinzana, que también viajó en
esa década con su tío cuando era un
joven seminarista de 17 años. Entre
la documentación de la entidad
aparece como benefactor con la
cantidad de 25 pesetas.

67. Emblema del Patronato Pro-Jerusalén

[59] La Gaceta del Norte (Bilbao 1901-1987). En su inicio fue un diario indepen-
diente, al servicio de los intereses católicos. Fue un modelo empresarial dentro de la
prensa católica y alcanzó una notable difusión. José María Urquijo adquirió el material
de impresión e incorporó todos los avances técnicos del periodismo. En 1935 pasó de 4
páginas a 12 o 16. Conf. ROBLES, José María Urquijo e Ybarra, Madrid 1997, 90-93.

Para la recaudación de fondos, el Estado concede a la entidad la facultad de celebrar una lotería anual, la cual debería coincidir con uno de los sorteos de la Lotería Nacional. Al mismo tiempo se organizan viajes y peregrinaciones a centros de devoción, especialmente Roma y Tierra Santa, que se denominan "Cruzadas". Cuenta con suscriptores llamados "cruzados cooperadores", que por la cantidad de 25 pesetas y la edición de una revista denominada Tierra Santa y Roma, son benefactores de la misma. El "cruzado cooperador" posee siempre descuentos en los viajes, además en el sorteo de la lotería se concedía una plaza de viaje gratuita por la adquisición de billetes; cada número costaba 1 peseta.[60]

La Fundación estimaba que el proyecto previsto en Jerusalén debería culminarse en 1940 con motivo de centenario de la llegada a Zaragoza de la Virgen del Pilar, momento en el que santuario debía cobijar la hermosa imagen de María.

En los años 80, ante la renuncia de España a los derechos en Tierra Santa a favor del Vaticano y por la documentación conservada en el consulado español hierosolimitano, se contempla la idea de hacer un templo y una hospedería para peregrinos españoles, vinculados a la Casa de Santiago. La idea se vuelve a considerar en el año 1994 cuando la Santa Sede devuelve a España parte de las propiedades en Tierra Santa y Turquía: El Estado español y la Conferencia Episcopal Española pretenden edificar un hotel para peregrinos, un centro cultural y trasladar allí el Instituto Arqueológico. Se recuperaría así la finalidad de asistencia para la que se creó la Obra Pía. Hubo ya un ataque a los derechos de España en Tierra Santa en 1913, pero el Papa Pío X y el Custodio entonces en Tierra Santa, fray Diotalevi, obtuvo en Roma un *Breve* por el que se anulaban los derechos y privilegios de nuestro país en los Santos Lugares; al intentar ejecutarlo, se encontró en Jerusalén con la valentía del Cónsul Rafael Casares Gil y la protesta enérgica de los religiosos españoles destinados en Palestina; en Madrid con la entereza del Rey Alfonso XIII se opuso a este atropello y no paró hasta la derogación del *Breve* y la remisión en Tierra Santa del Custodio Diotalevi.

---

[60] Diario de Navarra 3 de enero de 1935.

1. Las escrituras de la Fundación Patronato Pro-Jerusalén: análisis jurídico

Las escrituras de la Fundación Patronato Pro-Jerusalén fueron halladas en el Archivo Consultar de España en Jerusalén. La Fundación promovida por el Obispo Zacarías Martínez Núñez en 1930 tenía el principal objetivo del sostenimiento del Colegio de la Virgen del Pilar, próximo al Santo Sepulcro. El Patronato publicó un librillo con las características de la institución hallados en el fondo antiguo de la biblioteca del Seminario Diocesano de Pamplona.[61]

La Fundación se constituye mediante escritura autorizada el 30 de septiembre de 1930 por el notario de Vitoria D. Saturnino Echenique Meoqui, en la que consta como fundador, el Arzobispo de Santiago de Compostela, Zacarías Martínez Núñez, tal y como hemos comentado. Vamos a exponer a continuación algunos aspectos jurídicos.

Lo primero que llama la atención, por insólito, es que la escritura contiene un prólogo que constituye una verdadera declaración de intenciones del fundador, y que casi puede decirse que resuelta la esencia del documento, más que la propia parte dispositiva de la misma. El fundador, arzobispo de Santiago, expone su frustración de que en la peregrinación que realizó en 1924 a Tierra Santa, en la que portaba una rica imagen de la Virgen del Pilar, no supo dónde dejarla, al carecer de un templo español adecuado para ello o alguna institución que perpetuara la imagen de España. Debemos tener presente que en esos años, Palestina se encontraba bajo el mandato (especie de Protectorado) conferido por la entonces Sociedad de las Naciones (precursora de la ONU) a Inglaterra, y que España, pese a tener su monarca la condición honorífica de Rey de Jerusalén por tradición derivada de la Corona de Aragón, carecía de toda presencia que perpetuase su rico y fructífero pasado en Palestina.

---

[61] La documentación fue hallada en el Archivo Consular de España en Jerusalén y en el Seminario Diocesano de Pamplona. Mi agradecimiento al notario de Madrid D. Pedro-José Bartolomé por el análisis de las escrituras de la Fundación Patronato Pro Jerusalén.

Lo segundo, es la naturaleza de la Fundación como tal, que no es otra que procurar y obtener los recursos económicos necesarios para la construcción en Jerusalén de un templo bajo la advocación de la Virgen del Pilar y de un hospital-hospedería-Casa de España, así como el entretenimiento y reparación de estos edificios destinados a españoles y americanos de habla hispana que visitaran los Santos Lugares, debiendo sufragarse los gastos propios de todo ello con los donativos y limosnas que se obtengan a tal fin, sometida al régimen y cuidado de una comunidad de religiosas españolas y estando dirigida por una Junta de Patronos integrada por relevantes personalidades de la época en los ámbitos religioso o civil, y a las a la cual se exime expresamente de rendir cuentas al Protectorado.

A la vista de la realidad jurídica actual, la escritura contiene singularidades curiosas. La primera es que en la actualidad, la dotación o aportación del fundador tiene carácter esencial, de modo que sin dotación no hay Fundación, y en el caso que nos ocupa simplemente se prevé que mediante donativos y limosnas se obtengan los recursos necesarios para la promoción, edificación y mantenimiento de un templo y de otros inmuebles para residencia de peregrinos. Es cierto que tal singularidad concebida por el fundador podía haber impedido la consecución del fin fundacional, pero en la práctica, afortunadamente, no fue así. La segunda singularidad es que el fundador dispensa expresamente de la obligación de rendir cuentas al Protectorado a la Junta de Patronos que él mismo nombra, lo cual hoy también es impensable, dado el importante control público al que están sometidas las fundaciones como contrapartida a los importantes beneficios fiscales con que cuentan. Dicha rendición de cuentas tan sólo habría de realizarse ante el propio fundador mientras viviese.

Lo tercero que nos sugiere la lectura de los documentos constitutivos es que la Fundación fue calificada de beneficencia particular, que actuaba tan sólo en el extranjero, sometida a la legislación de los territorios de Palestina.

La Fundación se constituye sujeta a un Real Decreto y a una Instrucción de 14 de marzo de 1899, normativa que es incluso anterior a la entrada en vigor del Código Civil (1 de mayo de 1889). Recordemos que el código reconocerá a las fundaciones de interés público reconocidas por la ley la categoría de personas jurídicas, con plena capacidad jurídica y de obrar, pudiendo adquirir y poseer toda clase de bienes (arts. 35 y 38), lo cual nos plantea en primer término la interrogante de si esa Fundación calificada de beneficencia particular gozaba de personalidad jurídica, a cuya cuestión hay que responder afirmativamente por cuanto la Fundación sí era de interés público. El concepto de interés público en el código civil es antagónico al de interés particular, en el sentido de que por tal interés público se entiende que la Fundación tiene como beneficiarias a una pluralidad indeterminada de personas y no a una serie de personas determinadas por su relación con la familia del fundador. No debemos olvidar que el código civil tenía un marcado carácter liberal en la regulación de muchas instituciones, persiguiendo el fomento del tráfico o circulación de bienes y no su vinculación a familias concretas.

Finalmente, la cuarta consideración es que la entidad tan solo debía operar en el extranjero y se encontraba regida por la legislación de los Estados de Palestina. Ya nos hemos referido anteriormente al mandato británico, pero conviene recordar ahora que la fundación del Estado de Israel se produjo en 1948, tras la finalización de la Segunda Guerra Mundial.

El Patronato publica una edición con las características y objetivos de la Fundación y que apareció con sorpresa en la biblioteca del Seminario Diocesano de Pamplona. Este hecho es de extrañar, ya que aunque no ejercía como Prelado en Vitoria fray Zacarías, el presidente de la entidad era el Canónigo de la catedral de Vitoria, Carlos Lorea Aramandía, al que nos referimos en el apartado dedicado a la Orden de Caballería del Santo Sepulcro de Jerusalén.

Lº 71 de la Coruña

E S C R I T U R A

de

FUNDACION DE OBRA BENEFICA

otorgada por

EL EXCMO. y RVDMO. SEÑOR FRAY ZACARIAS MARTINEZ NUÑEZ.

En Vitoria a 30 de Septiembre de 1930

Ante el Notario de esta Ciudad

DON SATURNINO ECHENIQUE Y MEOQUI

A.0.248.651 ✳

NUMERO TRESCIENTOS SETENTA Y CUATRO
‗ ‗

EN VITORIA,a treinta de Septiembre de mil nove

cientos treinta. ———————————————————

Ante mi el Notario,con residencia en esta Ciu -

dad Don Saturnino Echenique y Meoqui, ————————

——————————— C O M P A R E C E : ——————

EL EXCELENTISIMO Y REVERENDISIMO SEÑOR ARZOBIS

PO DE SANTIAGO DE COMPOSTELA,FRAY ZACARIAS MAR

TINEZ NUÑEZ,mayor de edad,célibe,con cédula per

sonal declase quinta,tarifa primera,expedida en

Santiago en veintiuno de Septiembre del año úl

timo,bajo el núemro cuatromil ciento setenta y

uno. ————————————————————————

Y teniendo a mi juicio,la capacidad legal nece

saria para otorgar esta escritura de fundación

benéfica. ———————————————————————

——————————— D E C L A R A : ——————————

PRIMERO.-Que inspirado en el piadoso y patrióti

co deseo de ofrecer las máximas facilidades pa

ra que el mayor número de españoles pueda visitar,
siquiera una vez en su vida, los Santos Lugares de
Palestina, ha resuelto fundar con tal objeto una
institución benéfica, cuyas características ha -
consignado en un documento particular que me exhi
be y en el cual, como explicación de los motivos
y fines fundamentales de dicha obra, aparece un -
prólogo que conviene que se consigne también y -
se perpetue en este instrumento público como an
tecedente primario del resto de su contenido, y -
que, literalmente copiado, dice así: ─────────

──────────── P R O L O G O ───────────

Era el año de mil novecientos veinticuatro, cuan
do, y siendo a la sazón Obispo de Vitoria, fuí a -
Jerusalen, presidiendo la grandiosa Peregrinación
que en aquél año se hizo y en la que figuraban -
altas representaciones de la América-española, -
llevando providencialemnte, con nosotros, una rica
imagen de la Virgen del Pilar, regalo de las Da -
mas de Zaragoza.....pero, ¡¡qué rudo golpe fué pa
ra mi alma!! ¡¡No habia en Jerusalén en dónde co
locarla!! Todos los paises tienen allí sus igle
sias y residencias. Los ingleses, los franceses, los
griegos, los austriacos, los alemanes....y España

que tiene allí más derechos que la humanidad en
tera:España que con sus limosnas y la Obra Pía
del Ministerio de Estado contribuye como nadie
al sostenimiento de los Santos Lugares:España -
cuyo Rey se llama con todo derecho,Rey de Jeru
salén:España que blasona con su escudo Heráldi
co,hasta en las Capas Pluviales del culto Jero
somilitano:España...no tiene donde colocar su -
Virgen del Pilar:España carece en Jerusalén de
un Templo,de una Casa Residencial. —————————

Mi tristeza fué entonces muy grande,y aquella -
tristeza fué madre de una idea mía que expuesta
a S.M.el Rey y a su Gobierno,mereció los mayores
elogios,no por ser mía,sino por religioso patrio
tismo. —————————

España entera sabe que siendo Obispo de Vitoria,
hice una cuestación entre mis amigos,y tambien
entre los piadosos peregrinos que conmigo fue -
ron a los Santos Lugares,dando por resultado   -
una respetable cantidad de miles de miles de pe
setas,que están depositadas en el Banco de Jeru
salen. —————————

Desde el día que fuí trasladado al Arzobispado
de Santiago,tan directamente unido con España y

con Jerusalen por su Apostol Santiago,y con la -
Virgen del Pilar,he seguido acariciando con mayor
entusiasmo aquella idea,y delante de Dios,pensan
do en la brevedad de la vida,quiero perpetuarla
en una Obra titulada "Pro Jerusalém" y que llevan
do a los Santos Lugares,las Peregrinaciones espa
ñolas,sea la que dé cima a lo que es hoy yá,no -
ble aspiración de los buenos españoles. _____
Allí está la pequeña capilla del Pilar,cuya pri
mera piedra colocó S.E.R.el difunto Cardenal Pri
mado Doctor Reig y Casanova:aquella capilla será
mañana el hermosísimo Templo de España:allí está
la pequeña residencia de las Religiosas del Cal
vario:allá será la futura Residencia y Hospital
para los peregrinos españoles. _____
Siguiendo el impulso de mi alma,he encomendado -
esta obra,a una Junta experta,conocida en toda -
España,compuesta de hombres celosos y especiali
zados,que bajo la dirección y actividad del Se -
ñor Chantre de Vitoria,llevará adelante la empre
sa a la que no ha de faltarle,seguramente,el apo
yo de España entera,de S.M.el Rey,de sus Gobier
nos y de todo el Episcopado español:y pido al -
Cielo me dé fuerzas para en dia no lejano,ento -
nar el Te Deum del triunfo en el Templo de Espa

A. 8.341.212 ✱

ña en la Ciudad de Jerusalen. ————————

SEGUNDO.-Que llevando al cabo el expresado pro

pósito, instituye solemnemente en este acto una

fundación de beneficencia particular, con arreglo

al 'Real Decreto y a la Instrucción de catorce -

de Marzo de mil ochocientos noventa y nueve y a

los siguientes: ————————————————

——————————— E S T A T U T O S ——————

———————————— T I T U L O I ———————

——————————— DENOMINACION Y DOMICILIO ————

ARTICULO PRIMERO.-La fundación que ahora se cons

tituye, se denominará "FUNDACION PRO-JERUSALEM -

FRAY ZACARIAS MARTINEZ NUÑEZ O.S.A.ARZOBISPO DE

SANTIAGO DE COMPOSTELA" y tendrá su domicilio -

central en Santiago de Compostela. ——————

——————————— T I T U L O I I —————————

——————— OBJETO FINES Y RECURSOS ECONOMICOS———

ARTICULO SEGUNDO.-El Objeto principal de esta -

Fundación es la de procurar, primero: los medios

necesarios para la construcción de un Templo a

la Virgen del Pilar,y un Hospital-Hospederia-Ca
sa de España en Jerusalen,y Segundo:el entreteni
miento y conservaciónde estos edificios que se -
procurará esté encomendado a una comunidad de re

ligiosas españolas en las que podrá haber ameri
canas de lengua española,para que cuantos españo
les y americanos de lengua española,visiten el -
Pais de Jesús,encuentren un Templo,un Hogar y un
Hospital en caso necesario,netamente español y pa
ra que nuestra católica España,pueda al igual -
que otras naciones,tener un Templo y su Casa en
la Ciudad Santa de Jerusalen. ─────────────
ARTICULO TERCERO.-El fin general de la Obra es -
el de ofrecer las máximas facilidades a fin de -
obtener que el mayor número posible de católicos
españoles puedan visitar,siquiera una vez en la
vida,los Santos Lugares de Palestina. ─────────
ARTICULO CUARTO.-Esta Institución no tendrá más
bienes permanentes que los edificios destinados
directamente a los servicios piadosos y benéfi -
cos a que se refiere el artículo segundo,y sufra
-gará los gastos de su adquisición o construcción
y su funcionamiento con los donativos que reciba
y con las cantidades que recaude por otros medios

legales, competentemente autorizados, cuando este requisito fuere necesario. ————————

——————— T I T U L O III ————

————— REGIMEN Y GOBIERNO —————

————— C A P I T U L O I.————

——·——— DE LA JUNTA DE PATRONATO ———

ARTICULO QUINTO.-El gobierno y dirección de es
-ta Obra, estará a cargo de una Junta de Patrona
to, compuesta de un Presidente, un Director, un Se
cretario, un Vice-secretario, un Tesorero y dos -
Vocales, los cuales serán los únicos responsables
de cuanto con esta Obra se refiere. —————

ARTICULO SEXTO.-La primera Junta de Patronato -
-queda nombrada del modo siguiente: ——·——

PRESIDENTE, Ilustrísimo Señor Don Carlos Lorea y
Aramendia, Canónigo Chantre de Vitoria, Caballero
-del Santo Sepulcro y Comisario Diocesano de la
Obra Pia de la Santa Cruzada. —————

VOCALES, Ilustrísimo Señor Doctor Don José Polo
Benito, Dean de la Primada de Toledo, y el Ilus -
trísimo Señor Don Santos Orbegozo, Presbítero, -
Caballero del Santo Sepulcro. —————

DIRECTOR, Señor Don Francisco de Inés Pons. ——

TESORERO, Señor Don Antonio Gonzalez Martinez, -

Abogado. ——————————————————————————

SECRETARIO, Señor Don Manuel de Jauregui, Perito -

Mercantil. ——————————————————————

VICE-SECRETARIO, Señor Don Casimiro Saralegui Lo

rea. ——————————————————————————————

ARTICULO SEPTIMO.-Las vacantes que ocurran en la

Junta de Patronato, serán cubiertas por la misma

Junta, por mayoría absoluta de votos. ——————

Si la vacante fuere del cargo de Presidente, la -

elección deberá recaer en uno de los vocales. Las

demás vacantes serán de libre elección. ————

ARTICULO OCTAVO.-Son atribuciones de la Junta de

Patronato, además de la que se regula en el artí

culo anterior: ——————————————————————

A) Acordar los medios más eficaces con que reunir

fondos para la construcción del Templo a la Vir

gen del Pilar y el Hospital-Hospedería-Casa de -

España en Jerusalen. ——————————————

B) Acordar la organización del mayor número posi

ble de peregrinaciones a los Santos Lugares y Ro

ma en especial, y a cualquier lugar, siempre que -

sea con motivo religioso y que en el fín se persi

ga un beneficio para la causa de esta Fundación.

C) Acordar las retribuciones a que se refiere el

A.8.341.213 *

artículo vigésimo de estos Estatutos. ───────

─────────── C A P I T U L O   II ─────────

─────────── DEL   PRESIDENTE ─────────

ARTICULO NOVENO.-Son atribuciones del Presiden

te: ────────────────────────────────

A) Representar a la Fundación en todos los ac -

tos jurídicos civiles,con arreglo a los acuer-

dos dela Junta. ──────────────────────

B) Ejercer la dirección espiritual de la Obra.

C) Fijar el día de las reuniones de la Junta y

presidirlas. ─────────────────────────

─────────── C A P I T U L O   III ────────

─────────── DEL DIRECTOR ──────────

ARTICULO DECIMO.-Son atribuciones y obligacio -

nes del Director: ─────────────────────

A) Llevar la dirección de la Obra.───────────

B) Estudiar,proponer a la Junta,y poner en prác

tica,una vez acordados,los medios más eficaces

con que reunir fondos para la construcción del

Templo a la Virgen del Pilar,y al Hospital-Hos

gaciones del Tesorero: ——————————————

A) Llevar los libros de Contabilidad. —————

B) Retirar fondos de el Banco o los Bancos en -

que estén depositados,e ingresarlos en los ▨ -

▨▨ que designe la Junta de Patronato;debiendo

realizarse estas operaciones con las firmas del

Presidente y del Tesorero. ————————————

C) Presentar a la Junta de Patronato,en la pri

mera sesión que celebre cada año,un balance de

ingresos y gastos,para su examen y aprobación.

—————————— C A P I T U L O   VI ——————————

————————————DE LOS VOCALES ——————————

ARTICULO DECIMOTERCERO.-Es obligación de los Vo

cales,asistir,siempre que no haya causa justifi
<que se le impida
cada,a las reuniones de la Junta de Patronato,

en las cuales tendrán voz y voto,como los demás

individuos de ella. ——————————————————

—————————— C A P I T U L O   VII ——————————

—————————— DE LAS SESIONES ——————————

ARTICULO DECIMOCUARTO.-La Junta de Patronato se

reunirá por lo menos una vez cada trimestre y -

siempre que crea oportuno convocarla el Presi -

dente o lo solicite de éste por escrito cual -

quiera de los individuos de ella. ——————————

*ARTICULO DECIMOQUINTO.-*Convocada en regla la Junta,en los casos en que nó concurran todos sus miembros,pero sí el Presidente y otros dos o más, o,no asistiendo el Presidente,cuatro por lo menos,podrán celebrar sesión media hora despues de la señalada en la papeleta de citación. ————

*ARTICULO DECIMOSEXTO.-*Cuando no asista el Presidente a la sesión,la presidirá el de más edad de los que concurran,que nó sean ni el Tesorero ni el Secretario. ————————————

*ARTICULO DECIMOSEPTIMO.-*Los acuerdos se tomarán por mayoria de votos y,en caso de empate,se decidirá por el voto de calidad del Presidente o de quien haga sus veces. ————————

———————— *C A P I T U L O V I I I* ————

——————— *DE LA RENDICION DE CUENTAS* ————

*ARTICULO DECIMOOCTAVO.-*La Junta de Patronato no estará obligada a rendir cuentas de su administración más que al Excmo.y Rvdmo.Señor Fundador, mientras viviere. ————————

*ARTICULO DECIMONOVENO.-*De acuerdo con el espiritu del artículo anterior y como complemento del mismo,el Excmo.y Rvdmo.Señor Fray Zacarias Martinez Nuñez releva ala Junta de Patronato actual y a sus sucesoras perpetuamente de la obligación -

A.8.341.228 *

de presentar cuentas al Protectorado del Gobier
no en la beneficencia particular. ————

———————— C A P I T U L O IX ————

ARTICULO VIGÉSIMO.-La Junta de Patronato una vez
vista la liquidación de cada año, podrá asignar
a sus miembros retribuciones que no excedan de
las cantidades siguientes: ——————

Al Presidente seismil pesetas;al Director doce
mil;al Secretario cuatromil ochocientas;y a ca
da uno de los Vocales tresmil. ——————

El Vice-Secretario no tendrá asignación espe -
cial,correspondiéndole solamente la parte de la
del Secretario proporcional a los actos y gestio
nes en que haya tenido que sustituirle. ———

ARTICULO VIGESIMOPRIMERO.-Para que se puedan -
efectuar las asignaciones que autoriza el artí
culo anterior es preciso que pueda hacerse sin
recurrir a los fondos destinados a la Fundación,
y sí solamente a los beneficios que produzcan -
las reservas de los fondos destinados a sufragar

los gastos de administración,y si despues de esta
distribución·aún sobraran quedarían en fondo de
reserva,para sucesivas anualidades. —————————

————————— DISPOSICIONES TRANSITORIAS —————

PRIMERA.-Los fondos hasta la fecha recaudados pa
ra este fin,pasarán con permiso explícito y por
escrito del Fundador,a poder de la Junta para su
administración;pero la Junta <no podrá utilizar esos
fondos,ni los intereses que resulten sin·la auto
rización del mismo Fundador. ————————————

SEGUNDA.-Cumplidos los requisitos y trámites le
gales,queda la Junta Directiva encargada de obte
ner del Ministerio correspondiente,la Real Orden
clasificando esta Fundación como de beneficencia
y reconociendo su personalidad jurídica con arre
glo al artículo treinta y cinco del Código civil.
Así lo otorga,siendo testigos Don Pío Gil y Gar
cía y Don·Eulalio Iriberri e Irulegui,mayores de
edad,vecinos de Santiago de Compostela y sin ex
cepción legal;según aseguran,para intervenir en
este acto como tales testigos. ——————————————
Leída por mi esta escritura a todos los concu -
rrentes,por su elección,despues de advertirles -
su derecho a leerla por si mismos,la aprueba el

otorgante y la firman todos conmigo. ——————

Y yo el Notario,doy fé:de que conozco al Exce ◄

lentísimo -y Reverendísimo Señor otorgante;de -

que he hecho en este acto verbalmente ·las adver

tencias legales pertinentes;de que esta escritu

ra queda extendida en cinco pliegos de papel -

timbrado común del Estado,de clase octava,serie

A,números ocho millones trescientos cuarenta y

unmil doscientos quince,diez y seis,veintiseis

y veintisiete de los mismos millón,millar y cen

tena,y el del presente,y de todo lo contenido

en este instrumento público.=Fr.Zacarias,O.S.A.

Arzobispo de Santiago.=Pio Gil.=Eulalio Iriberri=

Signado.=Saturnino Echenique.=Rubricado. ——·——

ES PRIMERA COPIA,conforme literalmente con su matriz que,

bajo el número TRESCIENTOS SETENTA Y CUATRO,obra en mi -

protocolo general de instrumentos públicos del año actual;

y la expido para el EXCELENTISIMO Y REVERENDISIMO SEÑOR

FRAY-ZACARIAS MARTINEZ NUÑEZ,en cuatro pliegos de papel

timbrado común del Estado;el primero de clase cuarta,se

rie A,números doscientos cuarenta y ochomil seiscientos

cincuenta y siete y los restantes de clase octava,serie

A.números ocho millenos trescientos cuarenta y unmil dos

cientos doce,su inmediato siguiente y el del presente.

De todo lo cual doy fé en Vitoria a dos de Octubre de mil
novecientos treinta.=Tachados.=de miles=en los. No valen.=
Sobre raspados.=DE=ti=O=u=DE LOS VOCALES=mes=Patronato una
vez=1=u=FRAY. Entre lineas=que se le impida=al Tesorero -
seismil=no=.Valen.

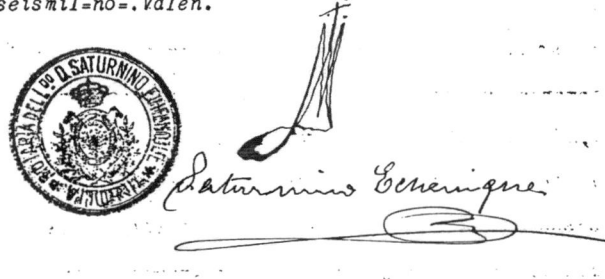

LEGALIZACION.-Los infrascritos Notarios del Ilustre Colegio de Bur
gos,Distrito de Vitoria legalizamos el signo,firma y rúbrica
que anteceden de nuestro compañero Don Saturnino Echenique y
Meoqui.
Vitoria dos de Octubre de mil novecientos treinta.

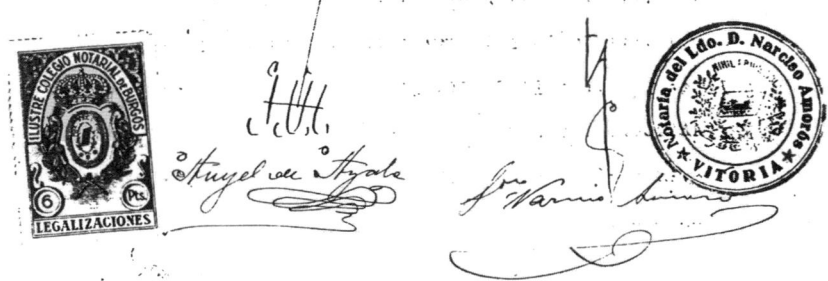

Anexo a las Escrituras

Beneficencia de Coruña:

"Visto el expediente de clasificación de la "Fundación Pro Jerusalen Fray Zacarías Martínez Núñez, C.S.A.
Arzobispo de Santiago de Compostela", domiciliada por
dicho Prelado en la ciudad de Santiago, de esa provincia, y

RESULTANDO que por escritura otorgada el 30 de Sep
tiembre de 1930 ante el Notario de Vitoria, Don Saturnino Echenique, el Arzobispo de Santiago Fray Zacarías
Martínez Núñez, estableció una institución denominada
"Fundación Pro Jerusalen, Fray Zacarías Martínez Núñez,
C.S.A. Arzobispo de Santiago de Compostela", con domici
lio en esta ciudad, la que tiene por objeto principal
procurar los medios necesarios para la construcción en
Jerusalen de un Templo bajo la advocación de la Virgen
del Pilar y de un Hospital-Hospedería-Casa de España,
y para el entretenimiento y reparación de estos edificios destinados a los españoles y americanos de lengua
hispana que visiten los Santos Lugares, debiendo soste-
nerse la estación con los donativos y limosnas que se
reciban u obtengan, sometida al régimen y cuidado de
una Comunidad de Religiosas españolas y a la dirección
de una Junta de Patronos compuesta de Don Carlos Lorea

y Aramendia, Chantre de Vitoria, como Presidente, de D

Francisco de Ines Pons, como Director, de D. Antonio G

zález Martínez, como Tesorero, de Don Manuel de Jáure-

pui, como Secretario, de Don Casimiro Saralegui Lorea,

como Vicesecretario, de Don José Polo Penito, Deán de

Toledo, y de Don Santos Orbegozo, como Vocales, o de

quienes les sustituyan reglamentariamente, designados

por los restantes miembros del Patronato, que está ex-

presamente relevado de la obligacion de rendir cuentas

al Protectorado,

RESULTANDO que instruido el oportuno expediente d

dlasificación a instancia del Patronato, en el mismo

ha informado el Ministerio de Estado por medio de R.O.

de 20 de Enero ultimo, haciendo constar los requisitos

precisos para la constitución legal de la institución

en Palestina, la conveniencia de que su denominación no

se confunda con otras Sociedades allí establecidas y po

último las ventajas de que la acción oficial de aquel

Departamento apoye la iniciativa privada del fundador

figurando unidas a las actuaciones, entre otras, la es-

critura fundacional y una comunicación en que se hace

constar que la institución cuenta con 80.000 ptas depor

sitadas en el Banco de Roma de Jerusalen, destinadas a

la construcción de los edificios fundacionales.

CONSIDERANDO que la institución de que se trata, aparte de los fines puramente piadosos, debe estimarse que tiene por objeto la satisfacción gratuita con carácter permanente de necesidades físicas y espirituales ajenas, por cuanto de los términos de la escritura fundacional se deduce implicitamente que la hospitalización de enfermos ha de afectar esencialmente a los pobres, y como por otra parte está creada en forma de que su sostenimiento e iniciación se realice por medio de bienes de procedencia privada, habiendo reglamentado el fundador las funciones de Patronato y administración, es indudable que reúne las condiciones precisas para ser clasificada como de Beneficencia particular, según lo dispuesto en los artículos 2º y 4 del R.D. de 14 de Marzo de 1899, relacionados con el 58 de la vigente Instrucción del Ramo de igual fecha, si bien los beneficios que esta declaración puede otorgar habrán de supeditarse a la circunstancia de que la institución actúa de hecho en territorio extranjero, regulándose por tanto según las normas del Estatuto de los territorios de Palestina.

CONSIDERANDO que la representación legal de la institución debe confiarse siguiendo la expresa voluntad fundacional, a la Junta de Patronos compuesta de Don Carlos Lorea y Aramendia, Chantre de Vitoria, como Presidente, de Don Francisco de Inés Pons, como Director, de Don Antonio González Martínez, como Tesorero, de D. Manuel de Jáuregui, como Secretario, de D. Casimiro Jaralegui Lorea, como Vicesecretario, de D. José Polo Benito, Dean de Toledo y de D. Santos Orbegozo, como Vocales, o de quienes les sustituyan reglamentariamente, designados por los restantes miembros del Patronato, que estará exento de la obligación de formular presupuestos y de rendir periodicamente cuentas al Protectorado, por haberlo así declarado expresamente el fundador, pero sometido a la necesidad de justificar el cumplimiento de las cargas fundacionales, cuando fuere requerido al intento por Autoridad competente según lo prevenido en el artº 5º de la vigente Instrucción del Ramo antes citada.

CONSIDERANDO que la circunstancia de que los beneficios de la institución se otorguen en territorio extranjero, excusa la necesidad del cumplimiento de otros trámites que la legislación vigente sobre la materia impone como preceptivos en estas actuaciones, debiendo el

Ministerio de Estado procurar la adopción de las re-
didas precisas de acuerdo con el Patronato, a la seguridad de los bienes fundacionales y al legal y mejor
funcionamiento de la institución en aquellos territorios.

S.M. el Rey (q.D.g.) se ha servido disponer:

1ª Que se clasifique como de Beneficencia particular la "Fundación Pro Jerusalen Fray Zacarías Martínez
Nuñez, C.S.A. Arzobispo de Santiago de Compostela", domiciliada por dicho Prelado en la ciudad de Santiago, de
la provincia de Coruña, siempre que los beneficios de
la hospitalización de enfermos alcancen a personas nece
sitadas, y supeditados los efectos de esta declaración
a las normas de la legislación de Palestina en cuyo territorio extranjero la institución ha de funcionar.

2- Que se confirme en el Patronato de la misma a
la Junta compuesta de Don Carlos Lorea y Aramendia, Chan
tre de Vitoria, como Presidente, de Don Francisco de
Inés Pons, como Director, de Don Antonio González Martínez, como Tesorero, de Don Manuel de Jauregui, como Secretario, de D. Casimiro Juralegui Lorea, como Vicesecre
tario y de D. Jose Polo Benito, Dean de Toledo y de Don
Santos Orbegozo, como Vocales, o de quienes les susti-

tuyan reglamentariamente designados por los restantes
miembros del Patronato que estara exento de la obliga
ción de formular presupuestos y de rendir periódicamen
te cuentas al Protectorado pero sometido a la necesidad de justificar el cumplimiento de las cargas fundacionales, cuando fuere requerido al intento por Autori
dad competente, y

3ª Que se de traslado de esta resolución a los
Ministerios de Hacienda y Estado a los efectos oportu-
nos.

15-13   V.I. resolverá.

Coruña - Santiago.   ) Madrid 9 de Febrero de 1931
Asesoría - 30 - 931.   )
Fundación Pro Jerusalen   )
Fr. Zacarías Martínez so-   )
bre clasificación.   )
Se propone R.O. acordán-   )
dola de Beneficencia par-   )
ticular.   )

Capítulo VIII.

Instituciones y personalidades impulsoras en la fundación del Colegio del Pilar: prelados y diplomáticos

Ente el umbral del segundo milenio y la Segunda Guerra Mundial durante el largo reinado de Alfonso XIII la figura de algunos papas, obispos y diplomáticos será crucial para el éxito de las peregrinaciones a los Santos Lugares, las cuales resultan auténticas expediciones. Los papas que favorecieron estos viajes fueron León XIII (1878-1903), Pío X (1903-1914), Benedicto XV (1914-1922) y Pío XI (1922-1939). La labor conjunta entre la monarquía y el papado, en colaboración con los prelados y diplomáticos españoles, fue la base del logro conseguido en el Colegio Español del Pilar de Jerusalén, con el que han participado y colaborado instituciones, y hombres que nutren la apasionante historia de esta institución. Vamos a exponer el trabajo de los principales artífices que favorecieron al colegio español hierosolimitano.

1. Obispos en las diócesis de Pamplona y Vitoria

Son numerosos los prelados y obispos que participaron al frente estos viajes, pero entre todos destacan Zacarías Martínez Núñez y Mateo Múgica. Las buenas relaciones episcopales, bien por origen o cargo entre las diócesis de Pamplona y Vitoria, dieron un impulso y consolidación a las peregrinaciones a Tierra Santa.

Zacarías Martínez Núñez (1864-1933)[62] nació en Baños de Valdearados (Burgos), el día 5 de noviembre de 1864. Entró en el Colegio de los Agustinos Filipinos de Valladolid y profesó sus votos simples en 1881. Allí cursó los primeros años de la carrera eclesiástica, que terminó en el Escorial en 1888, año en que fue ordenado de presbítero en Valladolid. En 1890 inició la carrera de ciencias físico-naturales en la Universidad de Madrid, doctorándose en 1908. Uno de sus ilustres profesores fue el Dr. Santiago Ramón y Cajal. Redactó numerosos escritos de carácter científico, entre los que destacan sus *Estudios Biológicos*. Ramón y Cajal-con quien Don Zacarías mantuvo una intensa comunicación- prologó la segunda parte de este trabajo.

Fue miembro de la Academia de Ciencias Morales y Políticas, de la Real Academia de la Historia y de la Academia Pontificia de Nuovi Licei de Roma. Finalmente, se le concedió el título de Caballero Gran Cruz de la Orden Civil de Alfonso XII en 1924.

68. El Obispo Zacarías Martínez Núñez

Se consagró obispo de Huesca en la Basílica del Escorial el día 15 de junio del año 1919. En 1923 es trasladado a la sede episcopal de Vitoria, contribuyendo a la construcción del seminario, que lo dejó en manos del arquitecto y sacerdote, el Beato Pedro de Asúa. Durante su mandato en Vitoria, se reanudaron las peregrinaciones a los Santos Lugares tras la contienda mundial; en esta ocasión se sumó la participación de hispanoamericana. En el viaje de 1924 conoce y establece

---

[62] GARCÍA CARRAFFA, *Españoles ilustres: el padre Zacarías Martínez Núñez. Obispo de Huesca*, Madrid 1919. GARCÍA CORTÉS, *Zacarías Martínez Núñez (1884-1933), agustino, orador, apologista, obispo*, Guadarrama 2009.

amistad con el futuro Rey de Etiopía, Haile Salasie, quien viajó a Roma para tener un encuentro con el pontífice. Su relación con los Cónsules en Jerusalén, el Conde de Ballobar y Pablo Jaurrieta fue clave en el gran logro de los viajes de la década de los años veinte y el la fundación hierosolimitana, además de una buena amistad con Alfonso XIII, quien lo estimaba profundamente, tal y como lo demuestra el honor que le concedió.

Además de ciencia, Zacarías compartió con Ramón y Cajal su pasión por la fotografía y el cine. El Nóbel de Medicina llegó incluso a diseñar varias máquinas fotográficas. Don Zacarías potenció en todos los trayectos la presencia de fotógrafos y cineastas profesionales. Fue nombrado arzobispo de Santiago de Compostela en 1928, donde permaneció hasta su fallecimiento en 1933.

Mateo Múgica y Urrestarazu (1870-1968)[63] nació en Idiazábal (Guipúzcoa) en 1870. Realizó sus estudios primarios y de música en Beasain, y llegó a ser un gran organista. Posteriormente ingresó en el seminario de Vitoria y se doctoró en Teología en Salamanca. Fue docente y canónigo de la catedral de Vitoria desde 1903.

Hasta 1914, de las ocho peregrinaciones vascongadas a Tierra Santa y Roma organizadas por Urquijo, participó en cinco de ellas como director espiritual o director musical, portando en todos los viajes un órgano y habilitando una sala en el barco para conciertos musicales. Fue nombrado como tal

69. El Obispo Mateo Múgica

---

[63] MOREDA DE LECEA, *Don Mateo Múgica Urrestazu (Antecedentes, pontificado en Pamplona y algunos aspectos de su pontificado en Vitoria)*: Excerpta e Dissertationibus in Sacra Teología, volumen XXI/7 (Pamplona 1992) 522-638.

por Pío X. El año 1918 fue promovido al obispado de Burgo de Osma. En 1924 se le nombró obispo de Pamplona y en 1928 de Vitoria. Aquí inauguró el nuevo edificio del seminario el 30 de septiembre de 1930. Durante su gobierno en la diócesis de Vitoria destacó su acción en la instrucción católica, la beneficencia y la acción misional. Durante la guerra civil fue expulsado de España y exiliado. Regresó en 1947 a Zarautz, donde falleció a los 98 años.

2. Cónsules españoles en Jerusalén: los diplomáticos Antonio de la Cierva y Pablo Jaurrieta[64]

Desde finales del siglo XIX los cónsules españoles en Jerusalén poseyeron una destacada presencia en los asuntos de las potencias y del Medio Oriente. Eran además personas cultas que viajaron por las tierras de Mesopotamia y Egipto, dejando testimonios escritos y algunas colecciones artísticas que se han conservado. Vamos a subrayar la figura de dos personalidades del cuerpo diplomático español, que con su buen hacer, apoyaron la creación y el sostenimiento del Colegio del Pilar en Jerusalén: Antonio de la Cierva y Lewita, Marqués de Terra Nova y Conde de Ballobar, y Pablo Jaurrieta Músquiz.

Antonio de la Cierva y Lewita, Marqués de Terranova y Conde de Ballobar[65] de padre español y madre austriaca judía quedó muy joven huérfano de madre. Su padre se volvió a casar con María Luisa Heras, Condesa de Ballobar, quien lo adoptó como hijo y le legó tras su muerte todos sus bienes. Tras estudiar derecho y entrar en el cuerpo diplomático fue enviado a la Habana como vicecónsul de España hasta 1911. Dos años más tarde es destinado a Jerusalén hasta 1919. En la última peregrinación antes de la contienda mundial, 1913, conoció a su esposa, Rafaela Osorio

---

[64] Deseo agradecer en este apartado Ana de Franco, del Ministerio de Asuntos Exteriores de España y a los descendientes de las familias de ambos diplomáticos, el Conde de Ballobar y Pablo Jaurrieta, que tan amablemente me han aportado material informativo, fotos y anécdotas de la historia de sus abuelos.

[65] DE LA CIERVA Y LEWITA, CONDE DE BALLOBAR, *Diario de Jerusalén 1914-1919*, Edición de Eduardo Manzano Moreno, Madrid 1996.

de Moscoso, Duquesa de Terranova, con la que contrajo matrimonio en 1920. En estos años realiza dos viajes a Egipto que no describe en su diario. Por referencias posteriores recuerda sus días en el Valle del Nilo. Con el inicio de la Primera Guerra Mundial, el 28 de Julio de 1914, dio comienzo un periodo de hostigamiento y fuertes tensiones en la región. Todos los países europeos y los EEUU (España, adopta en el conflicto bélico una posición neutral), retiraron sus legaciones diplomáticas de Jerusalén, lo que dejó sólo al Conde de Ballobar convirtiéndole en el único defensor y protector de los derechos e intereses de los países europeos y americanos en Jerusalén. Además, su actividad se centró en la conservación del patrimonio cristiano e hizo numerosas gestiones políticas y diplomáticas para liberar a religiosos y personalidades judías que habían sido deportados. Todas esas experiencias fueron anotadas en su "Diario de Jerusalén 1914-1919". Tras un breve período en Damasco y en Tánger, regresó a España y siguió trabajando para el Ministerio de Asuntos Exteriores y en las relaciones con la Santa Sede. A su esposa no le entusiasmaba la idea de criar a sus cinco hijos viajando por todo el mundo, así que vivieron en Zaragoza (donde su hija recuerda que se plantó un olivo que procedía del Jardín de Getsemaní), y en Madrid. En mayo de 1949, el Conde de Ballobar fue nombrado de nuevo cónsul en Jerusalén, donde sirvió hasta 1952. Ya de vuelta España fue director de la Obra Pía, puesto que ocupó hasta 1955, cuando se jubiló. En 1953 formó y presidió la "Asociación Española de Amigos de Tierra Santa", promoviendo la gran exposición internacional en Madrid, "Tierra Santa".

Durante el segundo mandato como cónsul de España en Jerusalén (1949-1952), después de la creación del Estado de Israel, el centro hierosolimitano prosigue con gran éxito las clases de lengua española en lo que se denominó "Escuela de Adultos", iniciadas por su predecesor en el cargo, Gonzalo Diéguez Redondo[66]. Refiero el informe completo[67]:

---

[66] Gonzalo Diéguez Redondo, de origen palentino, fue diplomático español desde 1920. Ejerció el cargo de cónsul en Jerusalén entre enero de 1948 hasta mayo de 1949. En esa fecha es destinado como embajador a Amán, ocupando el cargo de Jerusalén, Antonio de la Cierva y Lewita, Conde de Ballobar, en su segundo mandato, pues ya había ejercido anteriormente durante la Primera Guerra Mundial.

[67] Revista Tierra Santa 24 (1948) 172.

«En el número 24 de nuestra revista, correspondiente a los meses de julio-agosto de 1948, publicamos una nota tomada del Boletín de la Sociedad de las Naciones en la que, con datos estadísticos, demostramos que el idioma español es hoy día el que más se usa relativamente en todo el mundo. Según los datos del mencionado Boletín, durante el año 1940, en Palestina, como Belén, en la que casi la mitad de sus habitantes conocen nuestro idioma y muchísimos de ellos lo hablan perfectamente por haberlo practicado durante su permanencia en las repúblicas sud-americanas, pero hoy día nos parece la cifra un poquito exagerada. No obstante la simpatía de todos los países árabes hacia España, son relativamente muy pocos los orientales que se han dedicado al estudio serio de la lengua española durante los últimos años. Afortunadamente, quizás con miras a una futura emigración hacia las repúblicas sud-americanas, se ve renacer entre la población árabe de Jerusalén el entusiasmo por esta lengua, de mayor porvenir que otra alguna en el mundo.

Una prueba fehaciente de estas afirmaciones es la Escuela de Adultos que recientemente ha comenzado a funcionar en Jerusalén. Entusiasta, como nadie, de cuanto diga relación con nuestra patria y haciendo frente a cuantas dificultades presenta hoy la situación de guerra en que se encuentra Jerusalén, por no mencionar otras, el Sr. Ministro de España en esta Santa Ciudad, D. Gonzalo Diéguez Redondo, ha creído conveniente abrir una escuela de español para responder a esa exigencia de la población árabe. La escuela comenzó a mediados del mes de noviembre, en el local de las Escuelas de las Religiosas "Hijas del Calvario" y antiguo Consulado de España, con solo dos discípulos, pudiendo constatar satisfactoriamente, a la semana de su funcionamiento, que ya son sesenta los árabes que asisten a sus clases. Nuestra más completa enhorabuena a Sr. Ministro de España, D. Gonzalo Diéguez Redondo, quien sin regatear incomodidades y trabajos, se han encargado personalmente de la labor pedagógica en la misma».[68]

---

[68] Este ámbito de la incidencia y enseñanza de la lengua española en Tierra Santa ha sido expuesta en el Congreso Internacional de Hispanistas en la Universidad Hebrea de Jerusalén en 2019. Conf. BARRADO BRONCANO-MARCOS MARÍN-MANGADO ALONSO, *El legado de España e Hispanoamérica en Tierra Santa: El Colegio Nuestra Señora del Pilar de Jerusalén y el Instituto Español Bíblico y Arqueológico-Casa de Santiago*: XX Congreso de la Asociación Internacional de Hispanistas del 7-12 de julio de 2019 en la Universidad Hebrea de Jerusalén (Jerusalén 2020*)*, 1-25.

De nuevo regresó a petición del consulado de Jerusalén en 1957 un semestre para atender unos problemas de la Custodia. De la Cierva vivirá en Madrid hasta su muerte.[69]

Es necesario subrayar su amistad con José María Urquijo, desde los tiempos de organización de las peregrinaciones. Cuando Urquijo fue encarcelado, Antonio lo visitaba con frecuencia, como consta en las cartas a sus hijos. Tuvo que hacer un viaje a la Habana, mientas que su amigo fue asesinado pero pudo acudir a su solemne entierro, hecho que derivamos de una de las fotos conservadas en el archivo del hijo capuchino de Urquijo.

70. El Conde de Ballobar y Pablo Jaurrieta en Jerusalén

Pablo Jaurrieta Músquiz[70] de origen navarro, tras varios cargos diplomáticos en Francia, fue asignado cónsul de Jerusalén entre 1920-1929. El apoyo que brindó desde su puesto fue fundamental para recuperar, después de la contienda mundial, las peregrinaciones a los Santos Lugares, en esta ocasión llamadas hispanoamericanas. Es frecuente ver al Conde de Ballobar y a Jaurrieta juntos en las fotos de estos años, particularmente gracias al impulso que dio Don Zacarías en 1924, poco después de descubrimiento de la Tumba de Tutankhamon. Sylvia Baleztena, esposa del Cónsul Jaurrieta, será una de las principales organizadoras de las visitas a los centros arqueológicos para los peregrinos de los años veinte. Jaurrieta consolidó la presencia diplomática española en el Medio Oriente. Su estrecha relación con las órdenes religiosas y con su gran amigo fray Gabino Martín, Procurador General de los Santos Lugares, favoreció la presencia de los franciscanos en esas tierras. Durante su mandato en Jerusalén se

---

[69] Deseo agradecer a Isabel Allende Salazar, nieta del Conde de Ballobar por estos datos novedosos.

[70] Archivo familiar Jaurrieta-Baleztena.

71. El diplomático Pablo Jaurrieta Músquiz

inaugura el Colegio del Pilar y se eleva la capilla. Uno de los grandes acontecimientos de este período es el reconocimiento de los derechos de España en Tierra Santa tras el mandato turco. Después de un desagradable contencioso administrativo, se logró establecer los derechos centenarios de nuestro país en los Santos Lugares. Durante su ejercicio se favoreció las primeras campañas arqueológicas respaldado las iniciativas especialmente del benedictino Bonaventura Ubach y colaborando activamente con École Bibiblique et Archéologique Française, dirigido por los dominicos. Contribuyó, así mismo, al abastecimiento de libros a la biblioteca de la Custodia, que por entonces dirigía fray Agustín Aracil. Ayudó también a asentar las primeras acciones de la Fundación Patronato Pro-Jerusalén en Palestina. Jaurrieta fue destinado con posterioridad a Alemania, Inglaterra y Canadá. Se retiró con su familia a vivir en Pamplona hasta su fallecimiento.

Los períodos consulares del Conde de Ballobar y Jaurrieta son aún poco conocidos. El nexo de ambos con los obispos de Navarra y Vitoria, Martínez Núñez y Múgica, fue clave en los viajes de la década de los años veinte y treinta del siglo XX, que enriquecieron los intercambios mutuos de España con Tierra Santa.

Capítulo IX.
La Orden de Caballería del Santo Sepulcro

1. Un poco de historia[71]

La Orden Ecuestre del Santo Sepulcro de Jerusalén tiene sus orígenes en Godofredo de Bouillon, Duque de la Baja Lorena, que lideró la primera cruzada. Fue creada en 1098 como una confraternidad clerical y laica de peregrinos alrededor de la tumba de Jesús. Godofredo, tras la victoria en la primera cruzada, erige el Reino de Jerusalén cuyo objetivo primordial fue proteger el Santo Sepulcro de los infieles con la ayuda de cincuenta caballeros. Su hermano, Balduino I de Jerusalén, la dotó de un reglamento. Después de la toma de la ciudad santa en 1187 por Saladino, la Orden se traslada a Europa y se expande por varios reinos. En España, tuvo protagonismo al intervenir en numerosas batallas de la Reconquista. Pedro III, Rey de Aragón, en 1287 hereda los derechos de los reyes de Jerusalén. Su hijo Jaime II envía fondos para reconstruir la Basílica del Santo Sepulcro que había sido destruida por los turcos. Concede a los franciscanos la potestad de la reconstrucción del templo y compra al sultán la propiedad. Desde entonces los monarcas de España ostentan el título de soberano de Jerusalén. Con la llegada de San Francisco de Asís a Jerusalén y el establecimiento de los franciscanos en 1229, el Vaticano les dona el privilegio de la Custodia de los Santos Lugares y la de investir caballeros.

---

[71] BARTOLOMÉ FUENTES, *Orígenes y naturaleza de la Orden del Santo Sepulcro de Jerusalén. Planteamiento Histórico y estado actual de la cuestión,* Memoria Final del Máster, Nobleza y Genealogía, UNED-Madrid 2013.

El Papa León XIII da en el siglo XIX una renovación a la Orden. Un *Breve* del 3 de agosto de 1888, hace extensivo a las mujeres el derecho de pertenecer a ella, a las que concede el título de Damas Nobles del Santo Sepulcro. El 10 de febrero de 1891, el patriarca latino de Jerusalén, Gran Maestre de la Orden por autoridad apostólica, dicta los estatutos que son firmados definitivamente en Jerusalén el 6 de abril de 1892. Pío X, en su carta apostólica *Quam Multa* de 3 de mayo de 1907, confirma los privilegios de la misma y se reserva para sí el título de Gran Maestre. Durante el pontificado de Benedicto XV, el Secretario de Estado, el Cardenal Gasparri, publica una carta el 3 de julio de 1920 por la que se aprueba la fundación de la obra para la preservación de la fe en Palestina. En ella destacamos:

> «…Vuestra eminencia se dirige especialmente a aquellos que son miembros de la ilustre Orden del Santo Sepulcro…todos deben emprender una nueva Cruzada pacífica de oración y caridad para apoyar las escuelas católicas de Palestina…»

72. Cardenal Juan Soldevila, Arzobispo de Zaragoza

Los Papas Pío X, Benedicto XV y Pío XI, ejercieron el cargo de Gran Magisterio de la Orden. Durante el pontificado de Pío XII se actualizan los estatutos, se traslada la sede al Vaticano y el cargo de Gran Maestre recae en un cardenal. Se conserva Jerusalén como sede histórica, así el patriarca de Jerusalén ocupa el cargo de Gran Prior General. La Orden goza de personalidad jurídica de derecho canónico y se encuentra bajo la protección de la Santa Sede.

Desde el último tercio del siglo XIX, el número de caballeros ordenados fue numeroso y se extiende por todo el mundo, quedando constituida una Comisión Permanente del Capítulo de Caballeros de España con dos lugartenencias: Castilla y Aragón. Ambas quedan formalmente autorizadas por la Reina Regente, María Cristina en 1892. El Rey Alfonso XIII aceptó el alto cargo de Bailío-Protector de la Orden en España, que ejerció por delegación su hijo el Infante Alfonso de Borbón y Borbón. Siguiendo la tradición, el Rey Juan Carlos I y el Rey Felipe VI llevan el Collar de la Orden. Actualmente hay miembros en todo el mundo, aunque con un predominio de Europa y América. Desde el reinado de Alfonso XIII el Colegio del Pilar de Jerusalén ha estado unido a la corona española y a la Orden Ecuestre del Santo Sepulcro.

Entre los principales objetivos se encuentra la práctica cristiana, la fidelidad al pontífice, y la ayuda a obras caritativas, de culto, así como culturales y sociales en Tierra Santa.

Uno de los hechos más desconocido y significativos es el apoyo que ejerció a Alfonso XIII en su viaje a Jerusalén en 1932, tras el abandono del trono el año anterior. Entró en Palestina de incógnito y visitó los Santos Lugares, entre ellos el Colegio de Nuestra Señora del Pilar.

73. El Rey Alfonso XIII, 1931

2. En el corazón de Jerusalén con la Virgen del Pilar

El principal impulsor de la devoción de la Virgen del Pilar fuera de Zaragoza fue el Arzobispo **Juan Soldevila Romero**, que acogió siempre los viajes presididos por José María Urquijo y alimentó la idea de la fundación de un santuario a la Virgen del Pilar en la capital hierosolimitana. Fue obispo de Tarazona entre los años 1889 y 1901, año en el que fue preconizado a la silla de Zaragoza. En 1904 fue investido Caballero en Jerusalén. En 1919 fue revestido cardenal. Murió asesinado en Zaragoza el día 4 de junio de 1923. El retrato conservado fue ejecutado en 1904 por G. Palencia y reformado tras ser elevado a la dignidad cardenalicia por A. Magaña en 1920. Sobre el pecho luce la placa de Comendador de la Orden Militar del Santo Sepulcro de Jerusalén y se retrata al lado de la Virgen del Pilar.[72]

---

[72] RINCÓN-QUINTANILLA, *La Orden del Santo Sepulcro en España. 900 años*

Después la muerte de Soldevila su amigo, el Obispo Zacarías, gran devoto de la Virgen del Pilar, tomó el testigo de llevar la imagen a Jerusalén en 1924. Tras construir la primera capilla y crear la Fundación Patronato Pro-Jerusalén delegará las funciones ejecutivas en los miembros de la Orden, Carlos Lorea Aramendía, canónigo de la catedral de Vitoria, y el sacerdote vasco Santos Orbegozo.

La figura más sobresaliente de este periodo, unido al colegio español del Pilar de Jerusalén es el sacerdote **Carlos Lorea Aramendía**. Nace en Pamplona en 1873 y estudia en el Seminario Diocesano de Pamplona. En 1903 se traslada de la diócesis de Pamplona para ocupar el cargo de penitenciario en el Pilar de Zaragoza, mientras es Arzobispo Juan Soldevila. Desde 1906 fue canónigo y chantre en la catedral de Vitoria, así como comisario de la Obra Pía de esta diócesis hasta 1936, fecha que se regresa a Pamplona. Ocupó en la catedral de la capital navarra el puesto de arcediano y responsable administrativo de las bulas de cruzada. Gran amigo del arquitecto Víctor Eusa, coincidieron juntos en varios viajes a Jerusalén y formaron parte de la junta de la Cofradía de San Miguel de Aralar.

Carlos conoció a J.M. Urquijo en las peregrinaciones a los Santos Lugares antes de la Primera Guerra Mundial. Viaja con su hermana en las grandes peregrinaciones hispanoamericanas cuando fundan el colegio español. Por delegación de los Obispos de Vitoria, Zacarías y Múgica, organiza las llamadas "Peregrinaciones Populares" en los años 20 con un coste de 950 pesetas. Los viajeros visitaban siempre el Colegio del Pilar y daban donativos a las Misioneras Hijas del Calvario para su sostenimiento. Tras la creación del Patronato Pro-Jerusalén en los años 30, Lorea será el presidente de dicha institución y su sobrino, el sacerdote navarro Casimiro Saralegui Lorea el vicesecretario[73]. Lorea seguirá organizando numerosos

---

de historia, Zaragoza 1999; VV. AA., *Historia de la Orden de Caballeros del Santo Sepulcro de Jerusalén. Lugartenencia de Castilla y León,* Madrid 2001.

[73] Casimiro Saralegui de origen navarro estudió en el Seminario Diocesano de Vitoria, en donde residía su tío Carlos Lorea. Tras ordenarse sacerdote tiene varios destinos como párroco en pueblos de Navarra. Al final de su ejercicio sacerdotal fue secretario de misiones de la diócesis de Pamplona. En su libro refiere los viajes de su juventud a los 17 años con su tío a los Santos Lugares. Conf. SARALEGUI LOREA, *Vivencias y recuerdos de un cripto,* Tafalla 1991.

viajes, que sostendrán el colegio hierosolimitano y estará al frente de esta actividad hasta su muerte en Pamplona en 1956. En algunas crónicas de viajes, se resalta sus cualidades en la organización de viajes a los Santos Lugares[74]:

> «Don Carlos Lorea y Aramendía, dignidad de Chantre de la S.I. catedral de Vitoria en quien el ilustrísimo señor Obispo de la diócesis, el sabio P. Zacarías Martínez, ha delegado la presidencia de ésta y otras peregrinaciones a Tierra Santa y Roma. Con celo de apóstol le vi durante todo el viaje laborar por el mayor éxito de la peregrinación. Momentos hubo para él de suprema angustia, que afrontó con toda decisión. Sólo un hombre como él, de su temple de espíritu, es capaz de llevar a feliz término empresas de esta magnitud. ¡Dios quiera, esforzado adalid de una obra, como es el fomento de las peregrinaciones a Tierra Santa y Roma, que tanto bien ha de reportar a la causa de la religión y de la Patria!...el día 16 en el barco comienza muy felizmente. En los altares provisionales, que preparó el infatigable celo del Sr. Lorea, ayudado por su sobrino Casimiro Saralegui, joven seminarista, dijeron misa los cuarenta y siete sacerdotes que iban en la peregrinación».

Su sobrino Casimiro será el depositario de todo su legado hasta su fallecimiento, también en Pamplona en 1998. Carlos, por amor hacia los Santos Lugares fue investido en 1930 Caballero de la Orden del Santo Sepulcro en la Basílica de Jerusalén, ante el Patriarca Latino Monseñor L. Barlassina. En 1934 fue promovido a Comendador. El Custodio de Tierra Santa le concedió la Cruz de Oro de los Santos Lugares y Pío XI la Gran Cruz de Benemérito de la Iglesia. Lorea fue un amigo entrañable del Cardenal Isidro Gomá, Arzobispo de Toledo (1933-1940). Ambos viajaron juntos en la peregrinación a Jerusalén en 1928.

De Carlos Lorea se conserva un retrato pintado por el artista navarro José María Ascunce (1923-1991), en que aparece ataviado con el traje capitular de la catedral de Pamplona y lleva la capa de la Orden Militar. Fue donado al Archivo Municipal de Pamplona en 1986 por su sobrino Casimiro. Consta que dirigió 17 peregrinaciones a Tierra Santa y 23 a Roma, además de participar en los Congresos Eucarísticos en varios países, entre ellos Argentina.

---

[74] REQUEJO SAN ROMÁN, *Tierra Santa y Roma,* 25-26; 30.

74.El Canónigo Carlos Lorea Aramendía

Las principales figuras impulsoras de las relaciones de España con Tierra Santa y de la fundación del Colegio del Pilar fueron miembros de la Orden de Caballería y ostentaron honores de la misma: José María Urquijo, presidente de la Junta Permanente de Peregrinaciones a Tierra Santa, Egipto y Roma, Luis de Garitagoitia, Conde de Láriz, secretario de dicha Junta, investidos Caballeros en Jerusalén en 1912. El Cardenal de Zaragoza, Juan Soldevila Romero, revestido en Jerusalén en 1903; Carlos Lorea, canónigo de la catedral de Vitoria y más tarde de la catedral de Pamplona, comisario de la Obra Pía, responsable de las peregrinaciones a los Santos Lugares y presidente de Fundación Patronato Pro-Jerusalén, la investidura fue en Roma en 1930; Santos Orbegozo, sacerdote de la diócesis de Vitoria (año de cruzamiento sin precisar, quizá principios del siglo XX); Juan Rodríguez de Legísima, franciscano, comisario de Tierra Santa en Madrid, delegado de Tierra Santa en España, delegado de la Custodia de Tierra Santa en Madrid y director de peregrinaciones a Tierra Santa y Roma. Fue investido en 1945 en Madrid y alcanzó el grado de Comendador, Caballero Gran Cruz y la Palma del Mérito.

Dado la importancia de José María Urquijo en este movimiento hacia Tierra Santa, introducimos en este apartado el relato de su nombramiento, junto al Conde de Láriz publicada en la séptima peregrinación a Tierra Santa de 1913[75]:

«La espada de Godofredo: Ceremonia de cruzamiento de los caballeros en el Santo Sepulcro de Nuestro Señor Jesucristo.

El 11 de mayo en la capilla franciscana de la gran Basílica del Santo Sepulcro, el patriarca latino de Jerusalén impuso las insignias de Caballero del Santo Sepulcro al Conde de Láriz, al doctor D. José Benavides, insigne católico chileno y la de Caballero Comendador de la famosa orden hierosolimitana a D. José María Urquijo, insigne propulsor de la corriente española hacia los santos lugares.

Acudieron a la Basílica de la Resurrección todos los peregrinos españoles y además, los chilenos cuya peregrinación había coincidido con nosotros en la ciudad santa…alto y cenceño el venerable patriarca latino, pasó por delante de nosotros y entró en la capilla. Dijéramos que iba al frente una legión de cruzados como un valeroso obispo medieval. Los prelados de Almería, Ciudad Real y Lugo y los tres Caballeros recipiendarios le seguían.

Detrás de una bandeja llevaba un franciscano las espuelas y la espada atribuidas tradicionalmente a Godofredo de Buillon…

Dos simpáticos niños José María e Ignacio de Zulueta y Pereda Vivanco, hacían graciosamente de pajes».

---

[75] CORTINES Y MURUBE, *Jornadas de un peregrino (viaje a Tierra Santa),* Madrid 1913, 205-207.

Capítulo X.
Excavaciones arqueológicas en el Colegio del Pilar

En 1996 con motivo de las obras del colegio se obtiene un permiso del Ayuntamiento de Jerusalén para efectuar unas catas arqueológicas dentro del perímetro del colegio.

75. Arcos de entrada del colegio

L'École Biblique et Archéologique Française con la dirección de Padre Jean Baptiste-Humbert se encarga de los sondeos arqueológicos; Christian Clames, investigadora adjunta al l'École Biblique, es quien lleva adelante las excavaciones en tiempos del Cónsul Manuel López

Cacho. El presupuesto de las excavaciones es de 87.260 séquel[76], con el que se paga a los arqueólogos, el coche, la maquinaria y los obreros de excavación. El biblista Florentino Díez[77] no se hace cargo de la dirección por razones que no se especifican en la documentación conservada. Seguramente, no participó por su dedicación al yacimiento de San Pedro *in Galli Cantum*. En varias cartas muestra su entusiasmo por el trabajo importante que se pueda desarrollar en el barrio cristiano de la urbe.[78]

1. La organización de la ciudad de Jerusalén[79]

El Colegio del Pilar y el barrio cristiano de Jerusalén fue sometido a unas reformas y mejoras a partir del año 1996, por lo que el cónsul español solicitó ayuda para proceder a unas excavaciones a la Escuela Bíblica y Arqueológica Francesa. Con el beneplácito de las autoridades israelitas se realizan los primeros sondeos e intervenciones en los años posteriores, que permitirá conocer el antiguo barrio cristiano de la ciudad y los vestigios medievales conservados.

---

[76] Séquel, moneda actual israelí. Aproximadamente un euro es el equivalente a cuatro séquel.

[77] Es uno de los grandes biblistas y arqueólogos de Medio Oriente de España. Nacido en el pueblo leonés de Prioro en 1935, en 1948 ingresó en la orden de San Agustín. El Doctor Díez ejerció la mayor parte de su labor profesional en Jerusalén. Excavó en Monte Nebo y Cafarnaún, y fue director de la Casa de Santiago en Jerusalén. Su trabajo más destacado han sido las excavaciones en la Basílica del Santo Sepulcro a partir de 1977. Mi humilde homenaje y recuerdo a un hombre tan sabio por su reciente fallecimiento.

[78] Documentación obtenida del Archivo Consular español en Jerusalén. Por su estado delicado de salud en el momento de la consulta, no supo detallar por qué España no se hizo cargo de este yacimiento.

[79] Mi agradecimiento a J.B. Humbert, por las aclaraciones y documentación arqueológica, así como su valiosa aportación a la revisión de la arquería y bajos del edificio, junto al J. M. de Tarragone, el año 2023.La memoria de excavación ha sido publicada por CLAMER-PRAG-HUMBERT, *Colegio del Pilar. Excavations in Jerusalem, Christian Quarter 1996:* Cahiers de la Revue Biblique. Series Archaeologica 1, Lovaina-París-Bristol 2017.

76. Arcos de los siglos X y XI de los sótanos del colegio

　　　Las excavaciones del colegio del Pilar nos dan una mayor documentación sobre la villa urbana hierosolimitana de finales de la época medieval.
Así se puede apreciar que Jerusalén, en la segunda mitad del siglo XIII,
muestra una gran estabilidad frente a la inestabilidad social desde 1182-
año que es conquistada por Saladino en detrimento del reino franco-, hasta
1261- después de la entrada de los mamelucos en la villa-; es el momento
que pierden el control los ayyúbidas, descendientes de Saladino, como
sucede en la mayor parte de Siria y Palestina. La estabilidad que aporta el
régimen mameluco confirma la caída del último bastión franco y al mismo
tiempo el retorno de las peregrinaciones de Occidente.

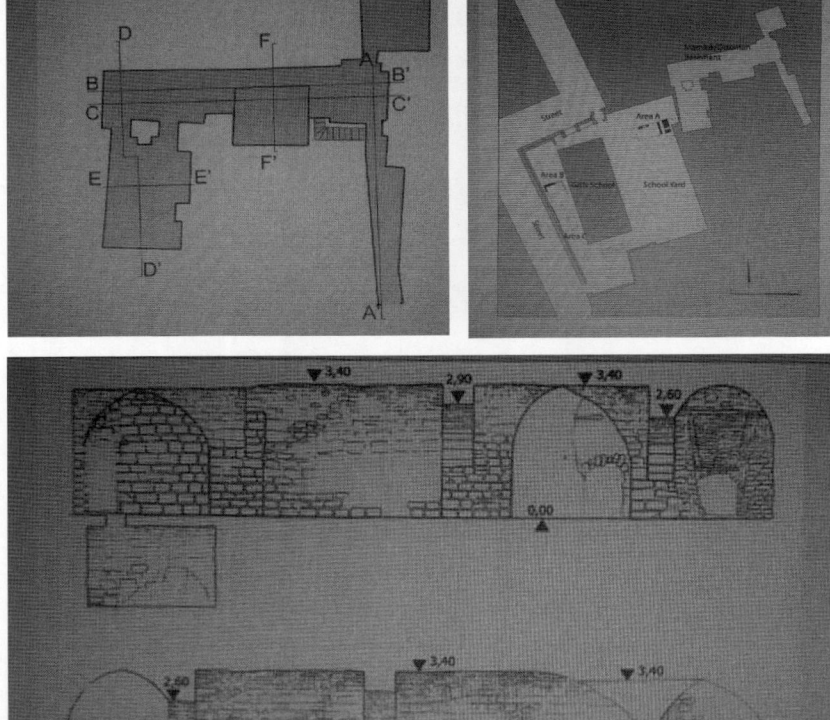

77. Planos y sección de las zonas excavadas

En el siglo XV bajo el mandato mameluco la urbe alcanza un cierto orden. A pesar de algunas epidemias de peste, la ciudad contaba con unos diez o quince mil habitantes entre residentes y no permanentes, lo que implica que la llegada y estancia de los peregrinos debía contar con lugares de equipamiento para su acogida.

78.Diferentes estratos de la excavación

Las excavaciones del Pilar informan sobre una población cosmopolita en esta época, que habitaban de forma permanente o temporal en Jerusalén; en ambos casos es interesante conocer el tipo de población próximo al Santo Sepulcro. Este sector de la ciudad queda habitado sólo por cristianos hasta el final de la dominación franca.

79. Pozas de los servicios y análisis del material orgánico

Los materiales conservados proceden de personas de Europa del norte, y del Creciente Fértil- Mesopotamia o Egipto-. Se trataría de individuos pertenecientes a comunidades cristianas (latinos, siriacos y coptos) que iban a visitar la tumba de Jesús. Las manufacturas de cerámica, vidrio y textiles venecianos hallados nos hacen pensar que servían para comerciantes o peregrinos con destino a los emiratos, sirios o egipcios, siempre relacionadas con la ruta de las grandes especias. Se constata, además, que en el siglo XV hay una prosperidad impulsada por los sultanes mamelucos de Egipto y Siria dentro de los grandes circuitos comerciales entre el Mediterráneo y el Océano Índico. Las excavaciones llevan a pensar en un contexto urbano, marcado por la estabilidad y una cierta prosperidad con una presencia modesta de población en un lugar único por sus santuarios. En el siglo XIX se observa dentro de los muros de Jerusalén cuatro barrios: cristiano, musulmán, judío y armenio; la existencia de los armenios invalida la consideración de una división estrictamente religiosa de la urbe.

En uno de los sectores excavados se localizaron unos baños públicos. Los análisis técnicos de las deposiciones orgánicas en las pozas de desagüe de los servicios, ha constituido un estudio pionero a nivel mundial, y ha permitido la identificación de algunas patologías, así como el tipo de población que ocupaba temporalmente este albergue o casa de peregrinos.

El informe de excavación corrobora que toda esta zona queda habitada por cristianos desde la época del reino de Jerusalén hasta el final de la dominación franca. Es remarcable que los sondeos no se hayan localizado restos de cerámica anteriores a la época de Saladino en 1187, salvo algunas monedas bizantinas de siglo XI o XII, las cuales son testimonio de una actividad más antigua.

2. Los materiales de excavación

Entre los materiales encontrados en las excavaciones exponemos algunas piezas de los siglos X-XII como referencia[80]:

---

[80] Las imágenes de las obras seleccionadas han sido cedidas por el Departamento de Arqueología de l'École Biblique et Archéologique Française de Jerusalén. Son más de 900 piezas inventariadas. He seleccionado algunas significativas.

1. Vidrios

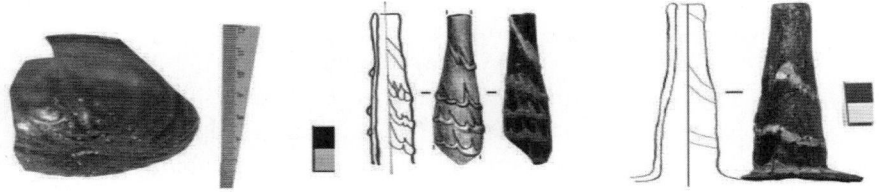

80. Ungüentarios

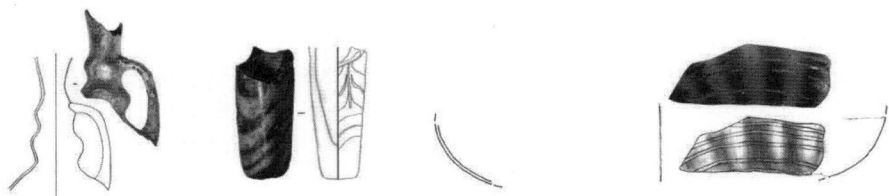

81. Ungüentarios y recipiente

82. Bola, recipiente y pulsera

2. Bronces

83. Espada, hacha y cuchara

3. Moluscos

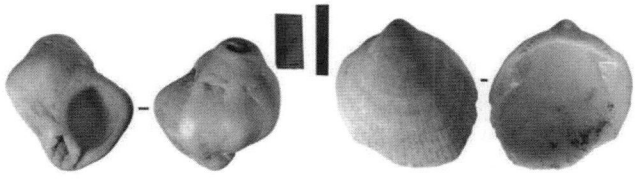

84. Caracola y concha

4.Monedas

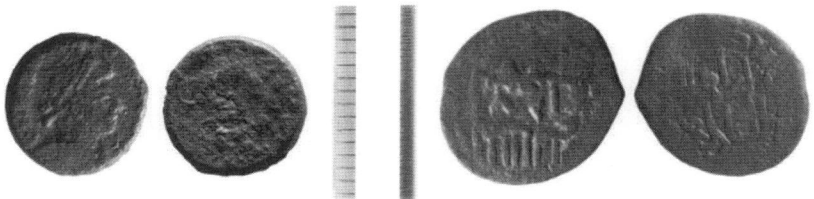

85. Monedas de Constantino y mameluca

5. Cerámica

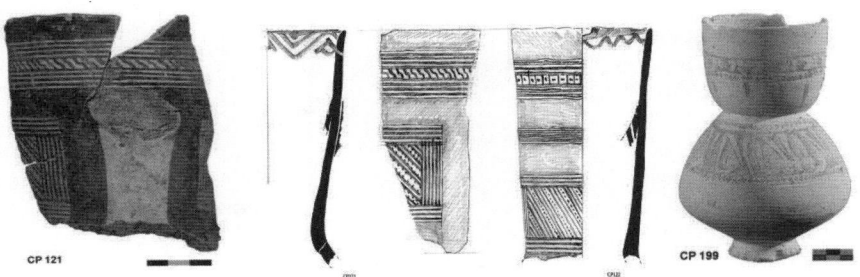

86. Fragmento de cerámica decorada y vaso

87. Plato y jarrones

6. Piedra

88. Ponderales para balanza

Archivos y Bibliografía

1. Archivos cinematográficos y fotográficos

- Película sobre peregrinaciones del Seminario Diocesano de Vitoria 1924-1925: "Visiones de Oriente".
- Fotografías del Archivo de Capuchinos de Pamplona.
- Fotografías de la familia Jaurrieta-Baleztena.
- Fotografías de María Luz Mangado.
- Fotografías del Archivo y Biblioteca del Seminario Diocesano de Vitoria.
- Fotografías del Seminario Diocesano de Pamplona.
- Fototeca de la Custodia de Tierra Santa en Jerusalén.
- Fototeca del École Biblique et Archéologique Française en Jerusalén.

2. Archivos y publicaciones periódicas

- Archivo Consular de España en Jerusalén.
- Archivo del Instituto Español Bíblico Arqueológico de España en Jerusalén-Casa de Santiago.
- Archivo de la Custodia de Tierra Santa en Jerusalén.
- Archivo de las Misioneras Hijas del Calvario de Jerusalén.
- Archivo del Colegio del Pilar de Jerusalén.
- Archivo de la Orden de Caballería del Santo Sepulcro de España.

– Archivo de la Casa Misericordia de Pamplona.

– Archivo de Capuchinos de Pamplona.

– Archivo y Biblioteca Capitular de la Diócesis de Zaragoza.

– Archivo de la Corte de Honor de Damas de la Virgen del Pilar de Zaragoza.

– Archivo Municipal de Pamplona.

– Archivo Franciscano de Santiago de Compostela.

– Archivo Diocesano de Vitoria.

– Archivo Diocesano de Pamplona.

– Archivo Diocesano de Cuenca.

– Archivo Catedralicio de Pamplona.

– Archivo Agustiniano de Valladolid.

– Archivo del Diario de Navarra (1922-2019).

– Archivo personal de Xavier Genaro Vallejos.

– Boletín Diocesano de Pamplona (1898-1960).

– Boletín Eclesiástico de Vitoria (1898-1960).

– Boletín Oficial del Estado (1980-2020).

– La Gaceta del Norte (Bilbao 1901-1987).

– La Gaceta de Madrid (Madrid 1920-1931).

– La Avalancha (Pamplona 1895-1913).

– La Hormiga de Oro (Barcelona 1884-1936).

– El Cantábrico (Santander 1895-1937).

– El Heraldo Alavés (Vitoria 1901-1932).

– EL Noticiero (Zaragoza 1901-1930).

– El Pensamiento Alavés (Vitoria 1932-1937).

– El Periódico ABC (Madrid 1929-1955).

– Revista el Peregrino y el Turista (Vitoria 1912-1926).

- Revista el Eco Misionero (Vitoria 1923-1926).

- Revista El Pilar (Zaragoza 1883-1960).

- Revista Doce de Octubre (Zaragoza 1942-1976).

- Revista Tierra Santa y Roma (Vitoria-Madrid 1933-1936).

- Revista La Verdad (Pamplona 1930-2020).

- Revista Tierra Santa (en español) (Jerusalén 1921-1960).

3. Bibliografía

Álbum de fotografías A. Beringola. Segunda peregrinación hispano-americana a Tierra Santa y Roma, Hermanos Beringola, Madrid 1925.

ALFONSO SILVA, J., *Tierra Santa,* Astorga 1930.

Almanaque de Tierra Santa, Imprenta de los Padres Franciscanos, Jerusalén 1950-1951.

ALMARAZ SANTOS, E., *Carta pastoral sobre la peregrinación a Tierra Santa y Roma,* Palencia 1904.

ALONSO LEMOS, J., *Tierra Santa. Séptima peregrinación española,* Vich 1929.

Año Santo extraordinario. Jubileo Plenísimo y Universal de 1933. Cruzadas a Jerusalén y Roma del Patronato Pro-Jerusalén, fundador por el Excmo. Sr. Arzobispo de Santiago de Compostela Don Zacarías Martínez Núñez, Vitoria 1933.

ARACIL, A., *Cuadros evangélicos y lugares santos de Palestina,* Barcelona 1921.

ARCE, A., *Expediciones de España a Jerusalén. Documentos, constituciones a la historia internacional de Tierra Santa,* Madrid 1958.

___ *Itinerarios raros y preciosos de Palestina. Extractos, aportaciones y notas críticas de A. Arce,* Jerusalén 1963.

ARROITIA JAURREGUI, J. M., Volumen I- *Semana Santa en Roma y Jerusalén;* Volumen II- *Por el País de San Francisco; por el país de los faraones,* Bilbao 1923.

BALEZTENA ASCÁRATE, S., *Jerusalén,* Pamplona 1924.

BARRADO BRONCANO F., MARCOS MARÍN, F. Y MANGADO ALONSO, M. L., *El legado de España e Hispanoamérica en Tierra Santa: El Colegio Nuestra*

Señora del Pilar de Jerusalén y el Instituto Español Bíblico y Arqueológico-Casa de Santiago: XX Congreso de la Asociación Internacional de Hispanistas del 7-12 de julio de 2019 en la Universidad Hebrea de Jerusalén (Jerusalén 2020), 1-25.

Barrado Broncano F. y Mangado Alonso, M.L., *Peregrinaciones y filmaciones hispanoamericanas en Tierra Santa en los archivos de la iglesia: El Colegio Español de Nuestra Señora del Pilar y la Casa de Santiago de Jerusalén*: América y Archivos de la Iglesia. Fuentes para su estudio. XXXI Congreso de la Asociación de Archivos de la Iglesia en España (Plasencia 2021).

Barriuso, J., *Peregrinación a Tierra Santa,* Jerusalén1963.

Bartolomé Fuentes, P. J., *Orígenes y naturaleza de la Orden del Santo Sepulcro de Jerusalén. Planteamiento Histórico y estado actual de la cuestión,* Memoria Final del Máster, Nobleza y Genealogía, UNED-Madrid 2013.

Calvo Gómez, J., *El proyecto para la creación de la Casa de Santiago en Jerusalén. Correspondencia entre Maximino Romero de Lema y Vicente Vilar Hueso (1954-1955)*: Salmatincensis 64 (Salamanca 2017) 437-478.

Calvo Moralejo, G., *La Restauración de la Orden Franciscana en España (1836-1956),* Santiago de Compostela 1985.

Campo Rey, conde de, *Historia diplomática de España en los santos lugares 1770-1980*, Ministerio de Asuntos Exteriores, Madrid 1980.

Carceller de la Sagrada Familia, M., *La recolección agustiniana y la Virgen del Pilar,* Zaragoza 1954.

Cien años de vida, cien años de historia, cien años de acción 1884-1984 un siglo: de hombría y de servicio eclesial y franciscano a Dios, a las almas, a la patria. Centenario del nacimiento del Padre Franciscano Juan R. de Legísima, Santiago de Compostela 1984.

Cirac Estopañan, S., *Vida de Don Cruz Laplana, Obispo de Cuenca, Crónica diocesana conquense de la Época Roja.* Volumen I, Barcelona 1943.

Cirac Estopañan, S., *Crónica diocesana conquense de la Época Roja. Volumen II. Martirologio de Cuenca,* Barcelona 1947.

Clamer, Chr., Prag K. y Humbert, J. B., *Colegio del Pilar. Excavations in Jerusalem, Christian Quarter 1996* : Cahiers de la Revue Biblique. Series Archaeologica 1, Lovaina-París-Bristol 2017.

Complemento de la guía histórica e itinerario de la Primera Peregrinación Vascongada a Tierra Santa y Roma. Fenicia, Asia Menor, Archipiélago, Constantinopla, Atenas (12 de mayo a 21 de junio de 1905), Bilbao 1905.

Condecoración creada por León XIII para los peregrinos de Tierra Santa, explicación y documentos, s.a. 1901.

CORTINES Y MURUBE, F., *Jornadas de un peregrino (viaje a Tierra Santa)*, Madrid 1913.

CRESPO-FRANCÉS Y VALERO, J. A., *La Orden de Caballería del Santo Sepulcro de Jerusalén en el Archivo General de Simancas y en el Ministerio de Asuntos Exteriores*, Sevilla 2001.

Crónica de las fiestas celebradas en el quincuagésimo aniversario de la definición dogmática de la Inmaculada Concepción de María por la Diócesis de Barcelona, 1904, Barcelona 1905.

Crónica de la Peregrinación Vascongada a Tierra Santa, Egipto y Roma en 1902, Vitoria 1903.

Crónica del Primer Congreso Nacional de Terciarios Franciscanos: celebrado en Santiago de Galicia del 28 de Julio al 1 de Agosto de 1909, Santiago de Compostela 1910.

Cuarta peregrinación a Tierra Santa y Roma: Itinerario, Bilbao 1907.

Cuarta Peregrinación a Tierra Santa y Roma: lista general de peregrinos, Jerusalén 1907.

De Barcelona a Jerusalén a pie y sin dinero por un peregrino español, Prólogo de J. M. Urquijo, Bilbao 1912.

DE BOLINAGA, F., *La Virgen del Pilar*, Madrid 1940.

DE CASTRO ALBARÁN, A., *Guerra Santa. El sentir católico de la guerra de España*, Zaragoza 1938.

_____, *Héroes de la Cruzada española*, Salamanca 1939.

DE CIARRURRIZ, I., *La orden capuchina de Aragón*, Zaragoza 1945.

DE LA CIERVA Y LEWITA, CONDE DE BALLOBAR, A., *Diario de Jerusalén 1914-1919*, Madrid 1996.

DE LA VILLA Y PAJARES, E., *Viaje histórico-descriptivo a Tierra Santa de la primera peregrinación española*, Oviedo 1899.

De Pablo, S., Goñi Galarraga, J. y López de Maturana, V., *La diócesis de Vitoria. 150 años de historia (1862-2012)*, Vitoria 2013.

Discursos y sermones predicados por los reverendos padres franciscanos de Tierra Santa a los peregrinos españoles, Barcelona 1907.

Eiján Lorenzo, S., *La cuestión de los santos lugares. Escenas palestinianas*, Madrid 1905.

___, *EL País de Jesús. Conferencias a la peregrinación Nacional Argentina a Tierra Santa y Roma pronunciadas a bordo del vapor "Shagalien"- Septiembre- Octubre, 1908*, Barcelona 1909.

___, *Relaciones mutuas de España y Tierra Santa a través de los siglos. Dirigidas a bordo del "Île de France" a la sexta peregrinación española a los santos lugares (mayo-junio 1911)*, Santiago 1912.

___, *España mirando a Tierra Santa: nuevas anotaciones históricas*, Santiago 1934.

___, *Hispanidad en Tierra Santa: actuación diplomática*, Madrid 1943.

___, *El real título a favor de los Procuradores Generales de Tierra Santa*, Madrid 1945.

El Cardenal Vives y el seu temps, Museu Arxiu de Sant Andreu de Llevaneres, Barcelona 2013.

España en Tierra Santa (en memoria de Manuel Allende Salazar), Ministerio de Asuntos Exteriores- Gobierno de España, Madrid 2016.

Espinas, A., *Peregrinación española a Tierra Santa. Impresiones de viaje por un peregrino de Valencia*, Valencia 1907.

Galbis Belda, M. *Tierra Santa. Séptima peregrinación española. Apuntes y recuerdos de un peregrino de la diócesis de Orihuela*, Alicante 1912.

Galindo Romeo, P., *La Virgen del Pilar y España. Historia de su devoción y su templo*, Zaragoza 1939.

García Barriuso, P., *España en la Historia de Tierra Santa*, Ministerio de Asuntos Exteriores-Gobierno de España, 2 vols., Madrid 1992-1994.

García Carraffa, A. A., *Españoles ilustres: el padre Zacarías Martínez Núñez. Obispo de Huesca*, Madrid 1919.

García Cortés, C., *Zacarías Martínez Núñez (1884-1933), agustino, orador, apologista, obispo*, Guadarrama 2009.

Gómez Carrillo, E., *Jerusalén y la Tierra Santa*, Mayo 1923.

GONZÁLEZ GARRIDO, J., *Bajo el Cielo de Oriente. Impresiones de un viaje. Roma-Jerusalén-Damasco-El Cairo-Rodas-Atenas,* Valladolid 1934.

GONZALO BARTOLOMÉ, A., *Tierra Santa y Roma. Memorias de la Cuarta peregrinación Española*, Valladolid 1914.

GOÑI GAZTAMBIDE, J., *Historia de los Obispos de Pamplona,* 10 vols., Pamplona 1979-1994.

GUTIÉRREZ LASANTA, F., *Nueva Apología Hispánica de la Virgen del Pilar Reina y Patrona de la Hispanidad,* Zaragoza 1957.

____, *Estampas Hispánicas de la Virgen del Pilar,* Zaragoza 1958.

____, *Historia de la Virgen del Pilar,* 10 vols., Zaragoza 1971-1983.

HERROJO, J., *La obra de España en Tierra Santa,* Jerusalén 1999.

IBÁÑEZ ARANA, A., *Historia del Seminario Diocesano de Vitoria,* 2 vols., Vitoria-Gasteiz 2005.

Introducción a la Historia y a la misión de la Orden de Caballería del Santo Sepulcro de Jerusalén, s.l. 2001.

IZCO ILUNDAIN, J. A., *Misioneras Hijas del Calvario. Un siglo de historia (1885-2000),* Roma 2018.

La custodia franciscana de Tierra Santa 1217-1933, Jerusalén 1933.

LACARRA DUCAY, M. C. *et alii, María en el arte de la diócesis de Zaragoza,* Año Mariano 1998, Zaragoza 1998.

LAGUERLOF, S., *Jerusalén en Tierra Santa,* Barcelona 1921.

LEGÍSIMA, J. R., *Crónica del Congreso Nacional de Terciarios Franciscanos,* Madrid 1915.

LEÓN VILLUNDAS, P., *Por tierras bíblicas,* Madrid 1933.

MANGADO ALONSO, M. L., *Sylvia Baleztena Áscárate: el legado de una orientalista*: Diario de Navarra (12 de diciembre de 2017) 62-63.

___, *Peregrinaciones, expediciones a Tierra Santa, Egipto y Roma*: La Verdad, Diócesis de Pamplona y Tudela, nº 4114 (16 de febrero de 2018) 28-33.

___, *El Colegio Español de Jerusalén*: Diario de Navarra (13 de marzo de 2018) 62-63.

___, *Peregrinaciones, Obispos y Diplomáticos en Jerusalén*: La Verdad, Diócesis de Pamplona y Tudela, nº 4122 (20 de abril de 2018) 24-28.

___, *La familia Urquijo Ibarra y las peregrinaciones*: La Verdad, Diócesis de Pamplona y Tudela, nº4123 (27 de abril de 2018) 26-31.

___, *La orden de capuchinos, el colegio de Lecaroz y las peregrinaciones*: La Verdad, Diócesis de Pamplona y Tudela, nº 4124 (4 de mayo de 2018) 23-25.

___, *Peregrinaciones hispanoamericanas a los santos lugares: El colegio español en Jerusalén y los museos bíblicos hispanos*: La Verdad, Diócesis de Pamplona y Tudela nº 4126 (17 de mayo de 2018) 25-31.

___, *Peregrinaciones y expediciones a Tierra Santa, Egipto y Roma*: Estudios Franciscanos 119 (Barcelona 2018) 253-286.

___, *El colegio español de Jerusalén*: Comunicació. Revista del Centre d'Estudis Teològics de Mallorca 135 (Palma de Mallorca 2018) 117-125.

___, *Peregrinaciones a los Santos Lugares en la época de los grandes descubrimientos arqueológicos: las peregrinaciones hispanoamericanas, el colegio español de Jerusalén y los museos bíblicos hispanos*: Estudios Franciscanos 120 (Barcelona 2018) 541-613.

___, *La Pamplona Oriental de Víctor Eusa*: Diario de Navarra (27 de febrero de 2019) 60-61.

___, *El escritor navarro Genaro Xavier Vallejos*: Diario de Navarra (22 de marzo de 2019) 62.

___, *La sangre de los mártires y su amor por Jerusalén*: La Verdad, Diócesis de Pamplona y Tudela, nº 4166 (10 de mayo de 2019) 13.

___, *Peregrinaciones y expediciones a Tierra Santa, Egipto y Roma en el primer tercio del siglo XX: La IV y V peregrinación y el legado de la familia Menchacatorre*: Estudios Franciscanos 120 (Barcelona 2019) 103-181.

___, *El franciscano navarro Francisco Martínez Roque: Pionero de la egiptología española y de las grandes excavaciones de Oriente Medio:* Scriptorium Victoriense 66 (Vitoria 2019) 223-249.

___, *El franciscano navarro Francisco Roque: Pionero de la egiptología española y de las grandes excavaciones de Oriente Medio:* Diario de Navarra (21 de abril de 2020) 53.

___, *El franciscano Gabino Martín Montoro: misionero y humanista:* Scriptorium Victoriense 67 (Vitoria 2020) 217-229.

___, *Bajo el cielo de Oriente. El legado de España en Tierra Santa desde 1899 hasta 1955.* Victoriensia 91 (serie tesis doctorales) Victoria-Gasteiz 2022.

___, *Bajo el cielo de Oriente. Crónica de Francisco Martínez Roque Aguinaco (1877-1944) en Tierra Santa y Egipto. Primer orientalista español.* Victoriensia vol. 93-1/2 (Custodia de Tierra Santa-Obra Pía de los Santos Lugares), Vitoria- Gasteiz 2024 (en prensa).

MANGADO ALONSO, M. L. y TEXEIRA PINTO, A., "Pilgrimages and Expeditions to the Holy Land, Egypt and Rome: The Spanish Experience", *The Ancient Near East Study,* vol. VII, nº 9, septiembre 2019, American School Oriental Research, Alexandria. http://www.asor.org/anetoday/2019/09/Pilgrimages-and-Expeditions-to-the-Holy-Land.

Mantos de la Virgen del Pilar de Zaragoza: Revista del Pilar, Zaragoza 2003.

MARTÍN MONTORO, G., *La orden franciscana en Tierra Santa,* Barcelona 1907.

MARTÍNEZ NÚÑEZ, Z., *Jubileo plenísimo y universal de 1933. Cruzada a Jerusalén y Roma,* Vitoria 1933.

___, *Patronato Pro-Jerusalén, Fundación de Excmo. e Ilmo. de Santiago de Compostela,* Vitoria s/a.

Meditaciones para hacer el ejercicio del Vía Crucis por las calles de Jerusalén, Jerusalén 1907.

MEISTERMANN, B., *Nueva Guía de Tierra Santa (traducida y carta-prólogo por Samuel Eiján O.F.M. y por el Obispo de Jaca, Antolín López Peláez),* Barcelona-Vich 1908.

MONLAUR, R., *Jerusalén, Impresiones de una peregrina,* Barcelona 1925.

MOREDA DE LECEA, C., *Don Mateo Múgica Urrestazu. (Antecedentes, pontificado en Pamplona y algunos aspectos de su pontificado en Vitoria):* Excerpta e Dissertationibus in Sacra Teología, Vol. XXI/7, Pamplona 1992.

MUELAS ALCOCER, D., *D. Cruz Laplana y Laguna. Obispo Mártir de Cuenca,* Cuenca 1992.

NOGUÉS TAULET, J., *Peregrinación a Tierra Santa. Reseña de la peregrinación nacional española de 1881,* Barcelona 1882.

OCHOA BRUN, M. A., *Historia de la Diplomacia Española. Repertorio Diplomático. Listas cronológicas de representantes, desde la Alta Edad Media hasta el año 2000,* Biblioteca Diplomática Española, Sección Estudios 6, Madrid 2002.

ORTIZ MUÑOZ, A., *Jerusalén hoy. Prólogo de M.R.D. Juan de Legísima O.F.M., delegado en Tierra Santa. (Epílogo de Exmo. Señor Duque de Terranova)*, Madrid-Buenos Aires 1953.

PALACÍN, M., *Notas marianas de la peregrinación vascongada a Tierra Santa escrita para los anales de la Academia Bibliográfico-Mariana por un socio peregrino y publicadas en forma de opúsculo por el IImo. Sr. Obispo de Lérida*, Lérida 1903.

PALACIOS VALDÉS, A., *Jornadas de un peregrino (viaje a Tierra Santa)*, Madrid 1923.

Peregrinación a Tierra Santa y Roma. Complemento a la Guía Histórica e Itinerario de la primera peregrinación vascongada a Tierra Santa y Roma: Fenicia, Asia Menor, Archipiélago, Constantinopla, Atenas, (12 de mayo a 21 de junio de 1905), Bilbao 1905.

Peregrinación a Tierra Santa y Roma, Bilbao 1905.

Peregrinación a Tierra Santa, Roma y Asís organizada por la Orden de Caballería del Santo Sepulcro (Capítulo de Aragón) Mayo-Junio 1924, Barcelona 1925.

Peregrinación bascongada a Tierra Santa y Roma. Guía Histórica e Itinerario, Bilbao 1902.

PERERA SANSÓ, J., *Peregrinación a Tierra Santa y Roma / dietario escrito y publicado por... Juan Perera... que formó parte de la gran peregrinación española realizada del día 13 de abril a 5 de junio de 1925*, Sapobla 1925.

PÉREZ, N., *Apuntes históricos de la devoción de Nuestra Señora, la Santísima Virgen del Pilar de Zaragoza*, Zaragoza 1930.

PIÑERO, J., *Viaje a Oriente. Quinta peregrinación a Tierra Santa y Roma*, Jerez 1911.

POLO Y PEYROLÓN, M., *Recuerdos y Tradiciones de Tierra Santa*, Valencia 1902.

PORTABALES NOGUEIRA, I., *Crónica de la Octava peregrinación española, primera hispano-americana a Tierra Santa y Roma*, Lugo 1915.

QUINTANAR (EL MARQUÉS DE), *La muerte de Alfonso XIII en España*, Madrid 1955.

RÁVAGO, M., *Peregrinando..., impresiones de un viaje a Tierra Santa*, Manila 1927.

Recuerdo de la Cuarta Peregrinación Española a Tierra Santa (mayo, 1907), Barcelona 1907.

Recuerdo de la Quinta Peregrinación Española a Tierra Santa (mayo, 1909), Barcelona 1909.

Recuerdo de la Quinta Peregrinación Española a Tierra Santa. Discursos y Sermones predicados por los Reverendos Padres Franciscanos de Tierra Santa a los Peregrinos Españoles, Barcelona 1909.

Recuerdo de la Primera Peregrinación Hispano-Americana a Tierra Santa, Egipto y Roma. Abril-mayo 1924. Dibujos y fotografías por la Casa Beringola Hermanos, Madrid 1924.

Recuerdo de la Segunda Peregrinación Hispano-Americana a Tierra Santa, Egipto y Roma. Abril-mayo, 1925. Dibujos y fotografías por la Casa Beringola Hermanos, Madrid 1925.

Recuerdo del Vía-Crucis por los Padres Franciscanos, Jerusalén 1907.

Reliquias y Relicarios de los Archivos de la Iglesia. Santoral hispano-mozárabe en las diócesis de España: Memoria Eclesial volúmenes XXXV y XXXVI, Asociación de Archivos de la Iglesia, Oviedo 2011.

REQUEJO SAN ROMÁN, J., (con prólogo de Xavier Vallejos -premio ABC)*, Tierra Santa y Roma,* Madrid 1927.

RINCÓN GARCÍA, W., *Un siglo de escultura en Zaragoza (1808-1908)*, Zaragoza 1984.

_____, *Escultura del siglo XX en Zaragoza. De la Imagen devocional al monumento conmemorativo*: Instituto de Historia, CSIC, Madrid, 13-79.

RINCÓN, W. Y QUINTANILLA, E., *La Orden del Santo Sepulcro en España. 900 años de historia,* Zaragoza 1999.

ROBLES, CR., *José María de Urquijo e Ybarra. Opinión, Religión y Poder,* Madrid 1997.

SÁNCHEZ CARO, J.M. Y CALVO GÓMEZ, J., *La casa de Santiago en Jerusalén. El Instituto Español Bíblico y Arqueológico en Tierra Santa,* Estella 2015.

SARALEGUI LOREA, C., *Vivencias y recuerdos de un cripto,* Tafalla 1991.

SERRA, M., *Vida de Sor Ernestina de la Cruz, fundadora de las Hijas del Calvario,* La Habana 1941.

TABUENCA GONZÁLEZ, F., *La Arquitectura de Víctor Eusa,* 2 vols. Tesis Doctoral, Universidad Politécnica de Madrid, Madrid 2016.

Thomas, A. (SS.CC.), *Mi viaje por Tierra Santa y Roma,* Palma de Mallorca 1922.

Vallejos, G. X., *Crónica de la II y III Peregrinación Hispano Americana a Tierra Santa y Roma*: El Peregrino y el Turista 12-36 (Vitoria 1925-1926).

_____, *Viñetas Antiguas,* Madrid 1926.

_____, *El camino, el peregrino y el diablo,* Diputación Foral de Navarra, Pamplona 1978.

Villuendas Polo, L., *Por Tierras Bíblicas,* Madrid 1933.

_____, *Breve guía ilustrada de Tierra Santa o los 14 días del peregrino en Palestina,* Vitoria 1935.

VV. AA., *Tierra Santa: Jordania, Siria, Líbano e Israel*, Madrid 1958.

_____, *I Congreso Internacional de Historia y Monarquía. El Reinado de Alfonso XIII y sus relaciones internacionales. Reales Alcázares de Sevilla 1 y 2 de febrero de 2019*, Hermandad Nacional Monárquica de España, Sevilla 2019.

Índice fotográfico

1. Misioneras Hijas del Calvario en Jerusalén (Archivo de la Custodia de Tierra Santa).

2. El Colegio del Pilar de Jerusalén, próximo al Santo Sepulcro (Colegio del Pilar de Jerusalén).

3. Aula del colegio (Archivo de la Custodia de Tierra Santa).

4. El Procurador Francisco M. Roque con las niñas de primera comunión (Archivo de la Custodia de Tierra Santa).

5. Dispensario médico (Archivo de la Custodia de Tierra Santa).

6. Niñas en el patio del colegio (Archivo de la Custodia de Tierra Santa).

7. Hijas del Calvario con las niñas (Archivo de la Custodia de Tierra Santa).

8. Representantes en el patio del colegio en las bodas de oro (Archivo de la Custodia de Tierra Santa).

9. Dueto de teatro: "La Jardinera y el confitero" (Archivo de la Custodia de Tierra Santa).

10. Colegio del Pilar de Jerusalén, próximo al Santo Sepulcro (École Biblique et Archéologique Française).

11. Visita de los Reyes de España, D. Juan Carlos y Dª Sofía (Colegio del Pilar de Jerusalén).

12. Aula del colegio (M. Luz Mangado).

13. Fiesta del final de curso del año 2008 con el Cónsul de España (Consulado de España en Jerusalén).

14. Fray Gabino Martín, el Obispo Zacarías Martínez Núñez y el Cónsul Jaurrieta con los peregrinos (Archivo de Capuchinos de Pamplona).

15. Primera piedra de la iglesia colocada en 1925 (Colegio del Pilar de Jerusalén).

16. Patio del colegio en Jerusalén (École Biblique et Archéologique Française).

17. Entrada del Colegio (Colegio del Pilar de Jerusalén).

18. Sellos de la provincia capuchina de Aragón 1910 y 1925 (Archivo de Capuchinos de Pamplona).

19. Virgen del Pilar de Jerusalén (Colegio del Pilar de Jerusalén).

20. Manto de la Virgen del Pilar de Jerusalén, donado por la familia Mangado-Alonso (M. Luz Mangado).

21. Cruz en la Casa de Misericordia de Pamplona (M. Luz Mangado).

22. Cruz de Escolapios de Pamplona (M. Luz Mangado).

23. Cruz de los Paúles de Pamplona (M. Luz Mangado).

24. Antigua Capilla de la Virgen del Pilar (Archivo de la Custodia de Tierra Santa).

25. Piedra de consagración del altar (Colegio del Pilar de Jerusalén).

26. Vidriera (Colegio del Pilar de Jerusalén).

27. Coro (Colegio del Pilar de Jerusalén).

28. Atril (Colegio del Pilar de Jerusalén).

29. Cáliz de 1924 (Colegio del Pilar de Jerusalén).

30. Confesonario portátil (Colegio del Pilar de Jerusalén).

31. Órgano portable del coro (Colegio del Pilar de Jerusalén).

32. Capilla del Pilar en la actualidad (Colegio del Pilar de Jerusalén).

33. Entrada a la iglesia desde la calle (Colegio del Pilar de Jerusalén).

34. Patio del colegio (Colegio del Pilar de Jerusalén).

35. Propaganda de la película (Seminario Diocesano de Vitoria).

36 a 62. Fotogramas del documental 1924-1925 (Seminario Diocesano de Vitoria).

63. Propaganda de la lotería el 3 de enero de 1935 en el Diario de Navarra (Diario de Navarra).

64. Números premiados de la lotería (Seminario Diocesano de Pamplona).

65. El Patronato Pro-Jerusalén con el Patriarca de Jerusalén (Custodia de Jerusalén).

66. El Patronato Pro-Jerusalén con el Cónsul de España (Custodia de Jerusalén).

67. Emblema del Patronato Pro-Jerusalén (Seminario Diocesano de Pamplona).

68. El Obispo Zacarías Martínez Núñez (Seminario Diocesano de Vitoria).

69. El Obispo Mateo Múgica (Seminario Diocesano de Vitoria).

70. El Conde de Ballobar y Pablo Jaurrieta en Jerusalén (Archivo de Capuchinos de Pamplona).

71. El diplomático Pablo Jaurrieta Músquiz (Familia Jaurrieta-Baleztena).

72. Cardenal Juan Soldevila, Arzobispo de Zaragoza (Arzobispado de Zaragoza).

73. El Rey Alfonso XIII, 1931 (Monasterio de San Francisco en Santiago de Compostela).

74. El Canónigo Carlos Lorea Aramendía (Archivo Municipal de Pamplona).

75. Arcos de entrada del colegio (M. Luz Mangado).

76. Arcos de los siglos X y XI de los sótanos del colegio (M. Luz Mangado).

77. Planos y sección de las zonas excavadas (École Biblique et Archéologique Française).

78. Diferentes estratos de la excavación (École Biblique et Archéologique Française).

79. Pozas de los servicios y análisis del material orgánico (École Biblique et Archéologique Française).

80. Ungüentarios (École Biblique et Archéologique Française).

81. Ungüentarios y recipiente (École Biblique et Archéologique Française).

82. Bola, recipiente y pulsera (École Biblique et Archéologique Française).

83. Espada, hacha y cuchara (École Biblique et Archéologique Française).

84. Caracola y concha (École Biblique et Archéologique Française).

85. Monedas de Constantino y mameluca (École Biblique et Archéologique Française).

86. Fragmento de cerámica decorada y vaso (École Biblique et Archéologique Française).

87.   Plato y jarrones (École Biblique et Archéologique Française).

88.   Ponderales para balanza (École Biblique et Archéologique Française).

Índice general

Presentaciones.. 3

Prólogo... 7

CAPÍTULO **I. Antecedentes de la fundación de un colegio en
Jerusalén** 13

CAPÍTULO **II. Las Misioneras Hijas del Calvario en Jerusalén** 19

CAPÍTULO **III. El Consulado y el Colegio de España
en Jerusalén**.. 25

1. Las Bodas de Plata 1923-1948 29
   1.1. Allí Zaragoza y el Pilar- Aquí Jerusalén y el Pilar 39
2. Cincuenta años de andadura hasta 1973................................ 40
3. Un siglo de historia 44

CAPÍTULO **IV. El Colegio del Pilar y las Peregrinaciones
Hispanoamericanas** 51

CAPÍTULO **V. Devoción a la Virgen del Pilar en el umbral del
segundo milenio: la imagen y la iglesia de Jerusalén**................ 57

1. La escultura de la Virgen del Pilar de Jerusalén 60
2. La arquitectura orientalizante de Víctor Eusa y la Iglesia del
Pilar de Jerusalén.. 66
   2.1. La Capilla del Pilar 69

Capítulo VI. Los primeros documentales españoles de Medio Oriente 75

   1. La película "España en Jerusalén" o "la Virgen del Pilar en Jerusalén" 75

   2. El documental "Visiones de Oriente" 78

   3. Características generales de los documentales 80

   4. Comentario histórico-arqueológico y arquitectónico de la filmación conservada: Tierra Santa, Egipto y Roma 1924-1925   82

      4.1. Escenas del camino de Jesús al Calvario en Jerusalén 82

      4.2. Escenas relacionadas a la vida del patriarca José, visir de Egipto 90

      4.3. Imágenes relacionadas con el profeta Elías 92

Capítulo VII. El Colegio del Pilar y el Patronato Pro-Jerusalén. 105

   1. Las escrituras de la Fundación Patronato Pro-Jerusalén: análisis jurídico 111

Capítulo VIII. Instituciones y personalidades impulsoras en la fundación del Colegio del Pilar: prelados y diplomáticos 137

   1. Obispos en las diócesis de Pamplona y Vitoria.................... 137

   2. Cónsules españoles en Jerusalén: los diplomáticos Antonio de la Cierva y Pablo Jaurrieta 140

Capítulo IX.La Orden de Caballería del Santo Sepulcro 145

   1. Un poco de historia.. 145

   2. En el corazón de Jerusalén con la Virgen del Pilar............... 147

Capítulo X. Excavaciones arqueológicas en el Colegio del Pilar 153

   1. La organización de la ciudad de Jerusalén........................... 154

   2. Los materiales de excavación 159

Archivos y Bibliografía 163

    1. Archivos cinematográficos y fotográficos 163

    2. Archivos y publicaciones periódicas.................................... 163

    3. Bibliografía 165

Índice fotográfico 175

Índice general 179